本書の特色と使い方

ゆっくりていねいに、段階を追った学習ができます。支援学級などでの個別指導にも最適です。

・問題量に配慮した、ゆったりとした紙面構成で、読み書きが苦手な子どもでも、ゆっくりていねいに段階を追って学習することができます。

・漢字が苦手な子どもでも学習意欲が減退しないように、問題文の全ての漢字にふりがなを記載しています。

光村図書国語教科書から抜粋した詩・物語・説明文教材、ことば・文法教材の問題を掲載しています。

・教科書掲載教材を使用して、授業の進度に合わせて予習・復習ができます。

・目次に［教科書］マークがついている単元は、教科書の本文が掲載されていません。教科書をよく読んで学習しましょう。

どの子も理解できるよう、文章読解を支援する工夫をしています。

・長い文章の読解問題の場合は、読みとりやすいように、問題文を二つなどに区切って、問題文と設問に[1]、[2]…と番号をつけ、短い文章から読みとれるよう配慮しました。

・読解のワークシートでは、設問の中で着目すべき言葉に傍線（サイドライン）を引いておきました。

・記述解答が必要な設問については、答えの一部をあらかじめ解答欄に記載しておきました。

学習意欲をはぐくむ工夫をしています。

・解答欄をできるだけ広々と書きやすいよう配慮しています。

・内容を理解するための説明イラストなども多数掲載しています。イラストは色塗りなども楽しめます。

ワークシートの解答例について（お家の方や先生方へ）

本書の解答は、あくまでもひとつの「解答例」です。お子さまに取り組ませる前に、必ず指導される方が問題を解いてください。指導される方の作られた解答をもとに、お子さまの多様な考えに寄り添って○つけをお願いします。

ゆっくり ていねいに学べる

国語教科書支援ワーク

（光村図書の教材より抜粋）

もくじ 1-①

①②…の　じゅんに　ひらがなを　なぞりましょう。

あいうえお
かきくけこ
さしすせそ
たちつてと
なにぬねの
はひふへほ
まみむめも
やいゆえよ
らりるれろ
わをん

ひらがなを　なぞりましょう。

あいうえお
かきくけこ
さしすせそ
たちつてと
なにぬねの
はひふへほ
まみむめも
やいゆえよ
らりるれろ
わをん

いい　てんき

なまえ

いい　てんき。だれが　いるかな。なにが　あるかな。
おはなし　しよう。

さあ　はじめよう

おはなし　たのしいな／あつまって　はなそう

なまえ

(1) あなたの　すきな　おはなしは　なんですか。
おはなしの　なまえを　いってみましょう。

(2) どうぶつの　なまえを　いいましょう。
すきな　どうぶつに　◯を　つけましょう。

①

(　　　　)

②

(　　　　)

③

(　　　　)

④

(　　　　)

⑤

(　　　　)

⑥

(　　　　)

さあ　はじめよう

えんぴつと　なかよし　(1)

なまえ

(1)　えの　ように　して　えんぴつを　もちましょう。

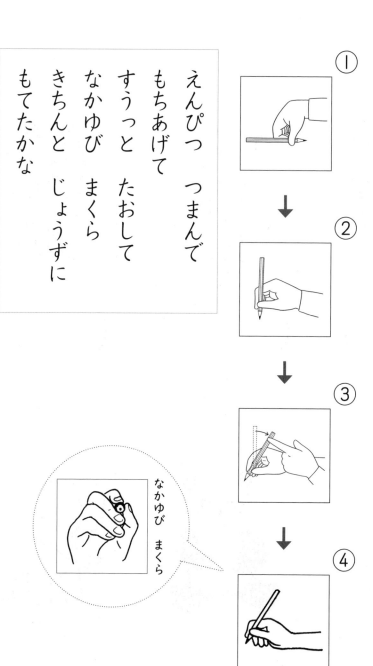

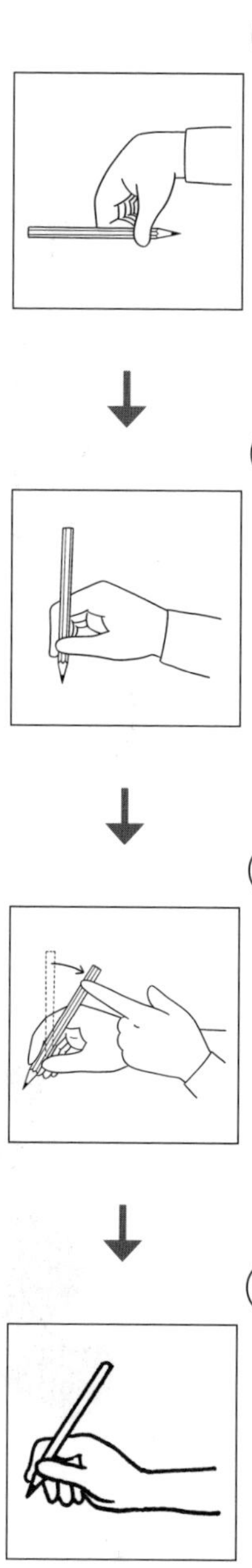

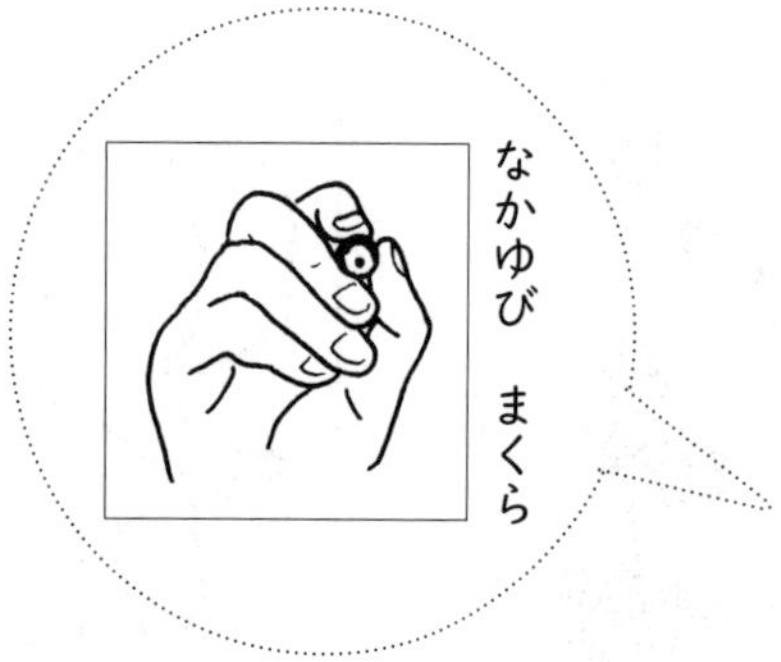

えんぴつ　つまんで
もちあげて
すうっと　たおして
なかゆび　まくら
きちんと　じょうずに
もてたかな

（令和二年度版　光村図書　国語一上　かざぐるま
「えんぴつと　なかよし」による）

(2)　えんぴつを　きちんと　もって　せんを　なぞりましょう。

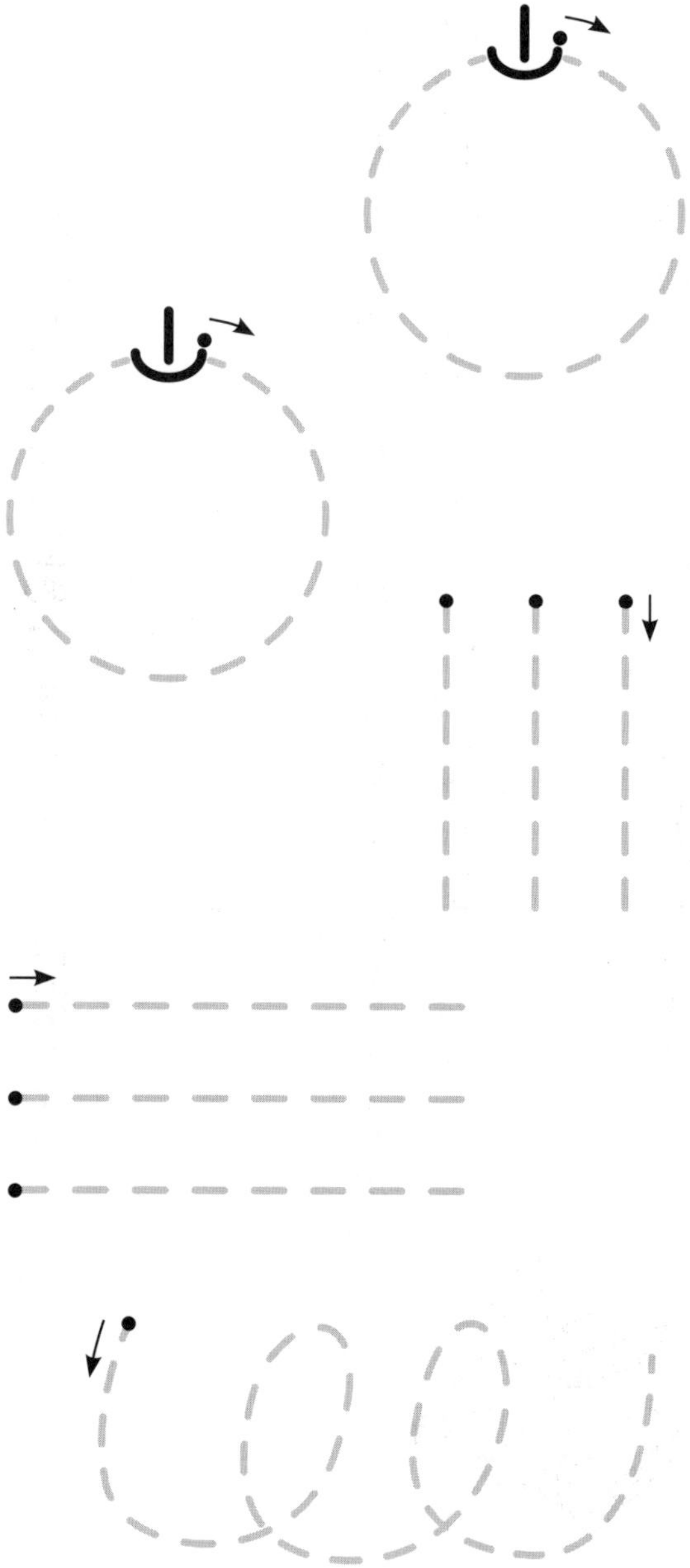

さあ　はじめよう

えんぴつと　なかよし　(2)

なまえ

(1)　せんせいに　あわせて　いって　みましょう。

あしは　ぺったん
せなかは　ぴん
おなかと　せなかに
ぐう　ひとつ
かみを　おさえて
さあ　かこう

(令和二年度版　光村図書　国語一上　かざぐるま
「えんぴつと　なかよし」による)

(2)　えんぴつを　きちんと　もって　せんを　なぞりましょう。

さあ　はじめよう
えんぴつと　なかよし　(3)

なまえ

● せんを　なぞりましょう。

さあ　はじめよう

えんぴつと　なかよし ⑷

なまえ

● せんを　なぞりましょう。

なまえ

さあ　はじめよう
どうぞ　よろしく

(1) 「いちねん」を　かきましょう。

いちねん

みぎききの　ひとは
ここに　かきましょう。

ひだりききの　ひとは
ここに　かきましょう。

(2) あなたの　なまえを　ゆっくり　ていねいに　かきましょう。

さあ　はじめよう
なんて　いおうかな

なまえ

● えの（　）の　こどもは　なんて　いって　いるのかな。
？に　あてはまる　ことばを　——せんで　むすびましょう。

①

ともだちを
あそびに
さそう
とき。

②

ともだちが
ボール《ぼうる》を
かして
くれた　とき。

③

ともだちが
おもい　ものを
はこんで
いる　とき。

④

ともだちが
ころんだ
とき。

・ありがとう。
・いっしょに　あそぼう。
・だいじょうぶ？
・てつだうよ。

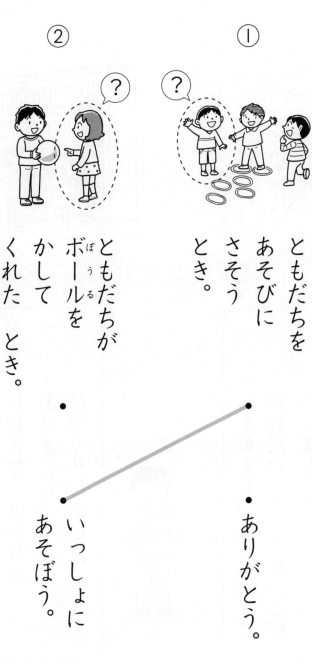

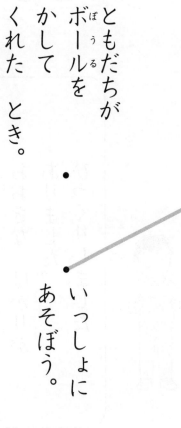

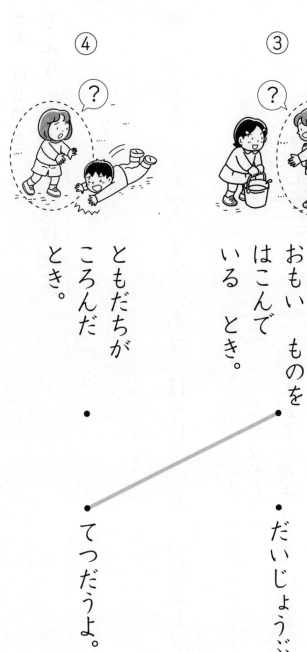

さあ　はじめよう

こんな　もの　みつけたよ

なまえ

● ぶんを　よんで、えと　あう　ほうに　○を　つけましょう。

①

（　）としょかんに、
おもしろそうな　ほんが
ありました。
はやく　よみたいです。

（　）ほけんしつに、
おおきな　はかりが
ありました。
びっくりしました。

②

（　）おんがくしつに、
おおだいこ　こだいこが
ありました。
ならして　みたいです。

（　）たいいくかんに、
とびばこが　ありました。
とんで　みたいです。

なまえ

さあ はじめよう
うたに あわせて あいうえお (1)

(1) くちの かたちに きを つけて「あいうえお」と いいましょう。

あ
い
う
え
お

(2) くちを おおきく あけて うたを よみましょう。

① うたの なかから「あ」を みつけて ○で かこみましょう。

※
あかるい
あさひだ
あいうえお

② うたの なかから「い」を みつけて ○で かこみましょう。

※
いいこと
いろいろ
あいうえお

※（令和二年度版 光村図書 国語一上 かざぐるま「うたに あわせて あいうえお」による）

さあ　はじめよう

うたに　あわせて　あいうえお　(2)

なまえ

● くちを　おおきく　あけて　うたを　よみましょう。

① うたの　なかから　「う」を　みつけて　○で　かこみましょう。

※
うたごえ
うきうき
あいうえお

② うたの　なかから　「え」を　みつけて　○で　かこみましょう。

※
えがおで
えんそく
あいうえお

③ うたの　なかから　「お」を　みつけて　○で　かこみましょう。

※
おいしい
おむすび
あいうえお

※（令和二年度版　光村図書　国語一上　かざぐるま「うたに　あわせて　あいうえお」による）

なまえ

さあ　はじめよう

うたに　あわせて　あいうえお　(3)

(1)　ていねいに　かきましょう。

あいうえお

みぎききの
ひとは
ここに
かきましょう。

ひだりききの
ひとは
ここに
かきましょう。

(2)　えに　あう　ことばを　かきましょう。

①

いえ

（ひだりきき）　（みぎきき）

②

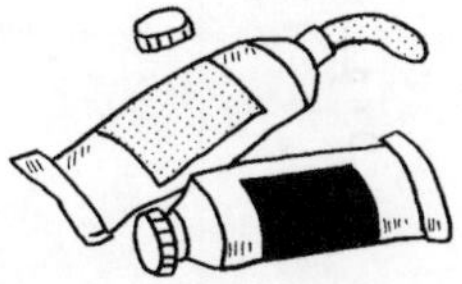

あお

（ひだりきき）　（みぎきき）

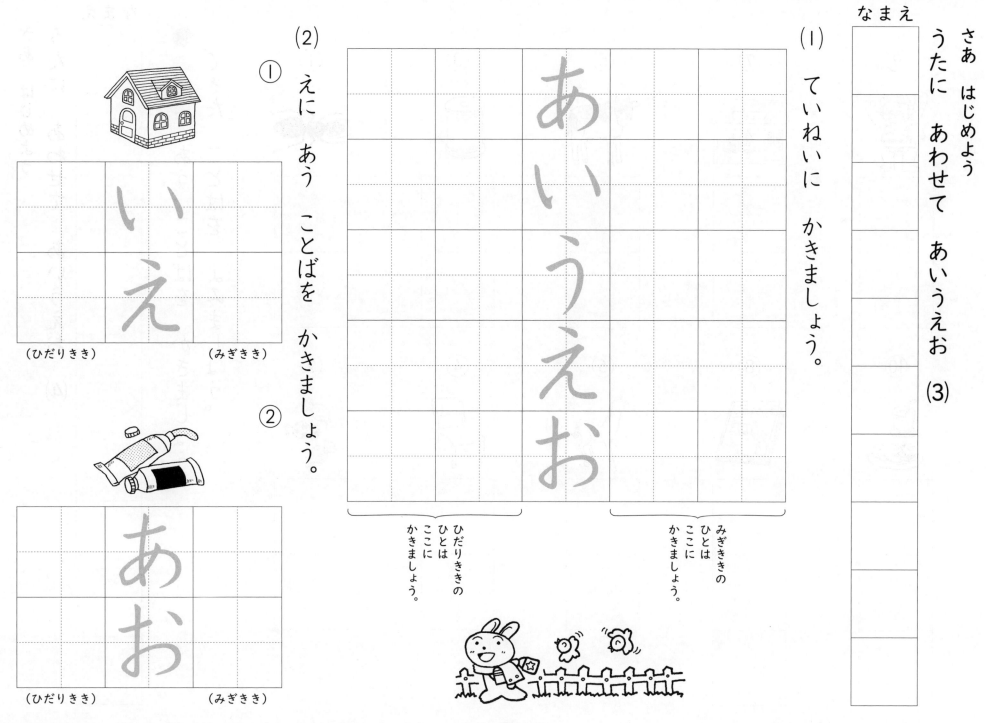

さあ はじめよう

うたに あわせて あいうえお (4)

なまえ

● えに あう ことばを かきましょう。
できた ことばを よみましょう。

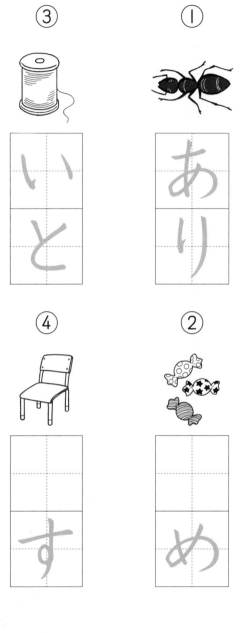

①

あり

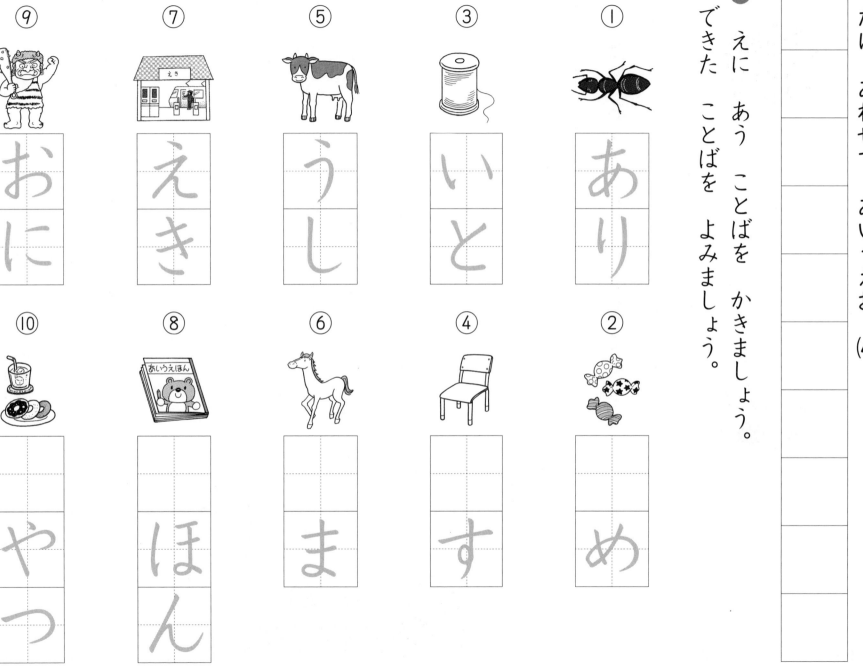

②

め

③

いと

④

す

⑤

うし

⑥

ま

⑦
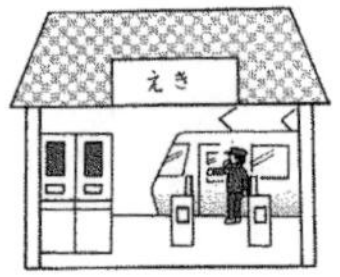

えき

⑧

ほん

⑨

おに

⑩

やつ

つづけよう① こえに だして よもう

あさの おひさま

なまえ

つぎの しを 2かい よんで こたえましょう。

あさの おひさま

あさの おひさま
おおきいな
のっこり うみから
おきだした

あさの おひさま
あかい かお
ざぶんと うみで
あらったよ

（令和二年度版 光村図書 国語一上 かざぐるま かんざわ としこ）

(1) あさの おひさまは どこから おきだしましたか。

（　　み）

(2) あさの おひさまの ようすに あう ほうに ○を つけましょう。

① あさの おひさまは
（　）おおきい
（　）ちいさい

② あさの おひさまは
（　）あおい かお
（　）あかい かお

(3) あさの おひさまは どのように かおを あらいましたか。○を つけましょう。

（　）のっこり あらった。
（　）ざぶんと あらった。

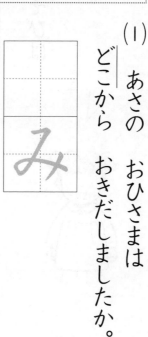

ききたいな、ともだちの　はなし

なまえ

(1) けんたさんが　ひなさんに　すきな　あそびを　きくと、ひなさんは「てつぼうが　すき。」と　こたえました。けんたさんは、ひなさんに　なんと　いえば　よいでしょう。あてはまる　ほうに　○を　つけましょう。

（　）ぼくも　てつぼうが、すきだよ。

（　）ぼくも　むしが　すきだ。

(2) りくさんの　すきな　あそびを　みんなに　しらせます。えの　なかの　りくさんの　ことばを　よんで、あてはまる　ほうに　○を　つけましょう。

りくさんが　すきな　あそびは、

（　）あやとり

（　）なわとび

です。こんど、いっしょに　あそびたいと　おもいます。

たのしいな、ことばあそび (1)

なまえ

● えを　みて　ことばを　かきましょう。
かけたら　ことばを　よみましょう。

①

□□しか

②

□□るか

③

□□きわ

④

□□んとつ

⑤
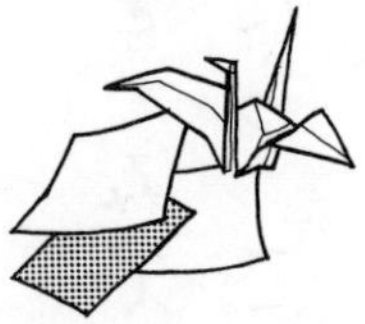
□□りがみ

⑥

□□たつむり

はじめの □に
「あ・い・う・え・お・か」の
どれか　ひとつを
かくと　ことばが
できるね。

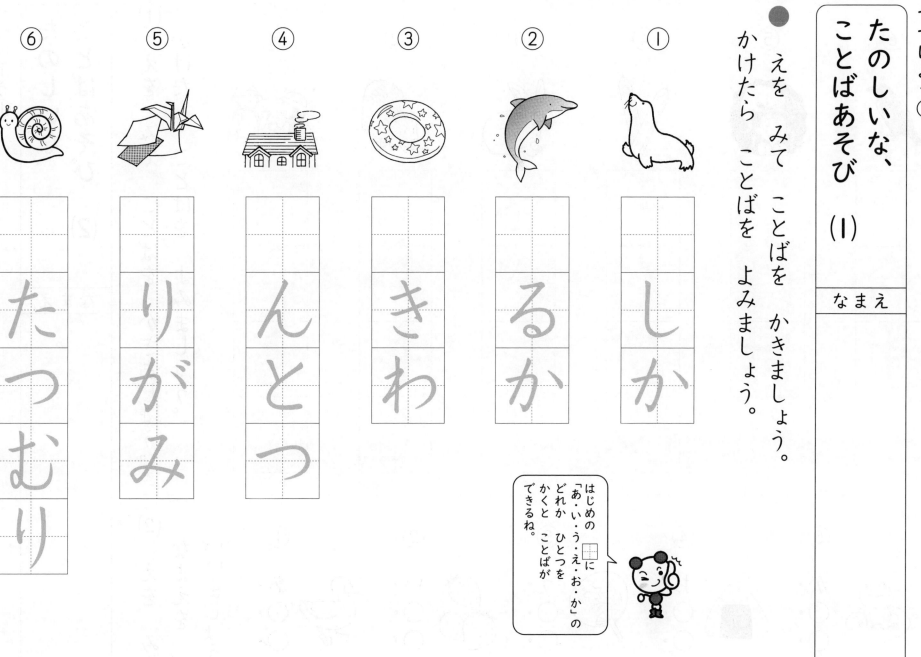

つづけよう①

たのしいな、ことばあそび (2)

なまえ

(1) えを みて ことばを かきましょう。
かけたら ことばを よみましょう。

①

□□いさつ

②

□□のしし

③

□□さぎ

④
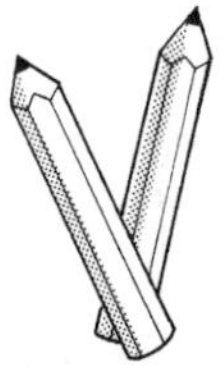
□□んぴつ

⑤

□□ばけ

⑥

□□らす

(2) えを みて なまえを いいましょう。

① あ・〇・〇・

② い・〇・〇・

③ う・〇・〇・

④ お・〇・〇・〇・
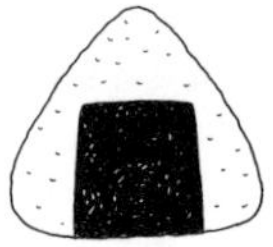

⑤ か・〇・〇・

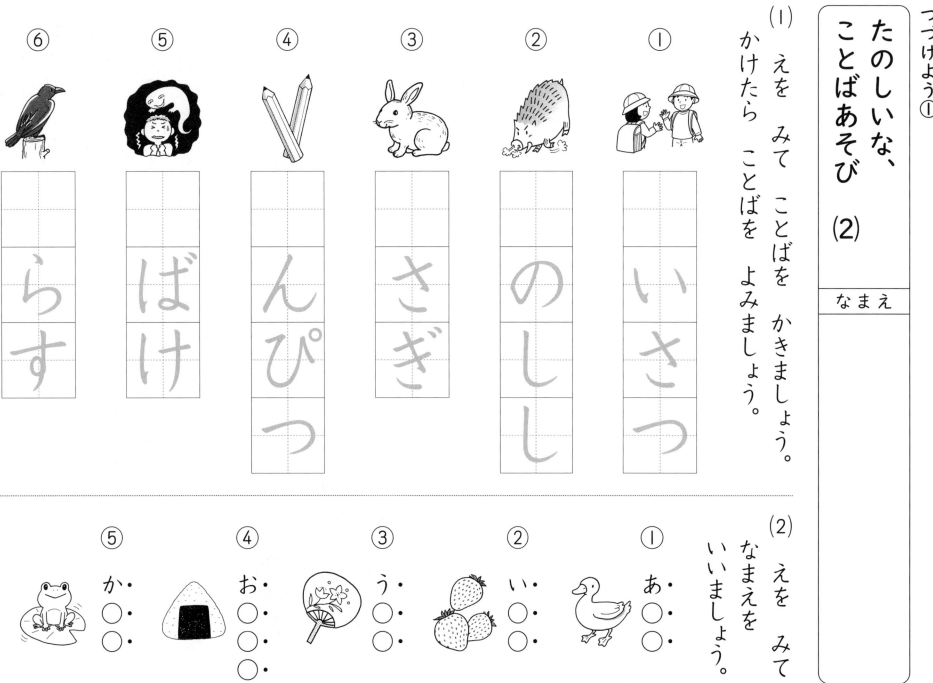

はなの みち (1)

なまえ

つぎの ぶんしょうを 2かい よんで こたえましょう。

1

くまさんが、
ふくろを みつけました。
「おや、なにかな。
いっぱい
はいって いる。」

2

くまさんが、
ともだちの
りすさんに、
ききに いきました。

（令和二年度版 光村図書 国語一上 かざぐるま おか のぶこ）

1

(1) くまさんは、なにを みつけましたか。○を つけましょう。

（ ）はな
（ ）ふくろ

(2) 「おや、なにかな。」と いって いるのは、だれですか。○を つけましょう。

（ ）くまさん
（ ）りすさん

2

(1) くまさんは、だれに ききに いきましたか。

す さん

(2) くまさんは なにを ききに いったのですか。○を つけましょう。

（ ）ともだちの こと。
（ ）ふくろに はいって いるものは なにかと いう こと。

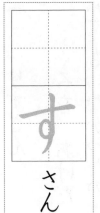

はなの　みち　⑵

なまえ

つぎの　ぶんしょうを　２かい　よんで　こたえましょう。

1

くまさんが、
ふくろを　あけました。
なにも　ありません。
「しまった。
あなが　あいて　いた。」

2

あたたかい　かぜが
ふきはじめました。
ながい　ながい、
はなの
いっぽんみちが
できました。

（令和二年度版　光村図書　国語一上　かざぐるま　おか　のぶこ）

1

⑴　ふくろを　あけたのは　だれですか。○を　つけましょう。

（　）くまさん
（　）りすさん

⑵　ふくろを　あけた　とき　なにも　なかったのは　なぜですか。

ふくろに　□□な　が　あいて　いたから。

2

⑴　どのような　かぜが　ふきはじめましたか。○を　つけましょう。

（　）つめたい　かぜ。
（　）あたたかい　かぜ。

⑵　はなの　いっぽんみちが　できたのは、なにが　たくさん　ふくろに　はいって　いた　からだと　おもいますか。○を　つけましょう。

（　）はなの　たね。
（　）はなの　え。

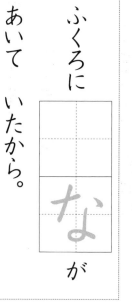

としょかんへ　いこう

なまえ

きょうかしょの「としょかんへ　いこう」を　よんで、こたえましょう。

(1) としょかんに　ついて　ただしい　もの　ふたつに　◯を　つけましょう。

（　）ほんを　たのしむ　ことが　できる　ところ。

（　）ほんを　かう　ことが　できる　ところ。

（　）たくさんの　ほんが　おいて　ある　ところ。

（　）えほんは　おいて　ない。

(2) としょかんでは　どのように　すると　よいでしょう。ただしい　ほうの　ことばに　◯を　つけましょう。

① よみおわった　ほんは　{ちかく／もと}　の　たなに　もどす。

② {みんな／じぶん}　の　ほんだから　ていねいに　めくる。

「゛」の つく ことば (1)

なまえ

(1) えを みて ただしい かきかたの ほうに ◯を つけましょう。

① 

（　）まと
（　）まど

② 

（　）かき
（　）かぎ

③ 

（　）げんかん
（　）けんかん

④ 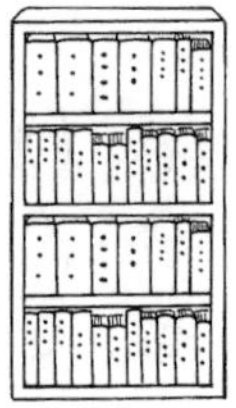

（　）ほんたな
（　）ほんだな

ふたつの ことばを こえに だして よんでみよう。

(2) えに あう なまえを なぞりましょう。

① 

いちご

② 

ぶどう

゛は その もじの さいごに つけるよ。゛を つける ばしょに きを つけよう。

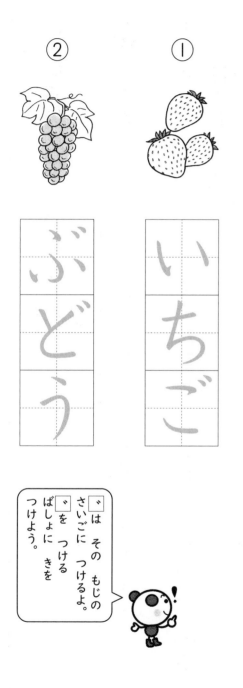

「゛」の つく ことば (2)

なまえ

(1) ゛を つけると どんな ことばに なりますか。えを みて なまえを かきましょう。

① 
さる
↓
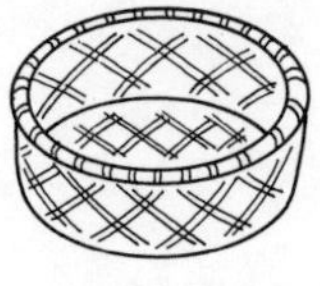
ざる

② 
こま
↓

③ 
ふた
↓

④ 
かき
↓

①〜④の ふたつの ことばを こえに だして よんでみよう。

(2) えを みて なまえを かきましょう。

① 
やぎ

② 
だん

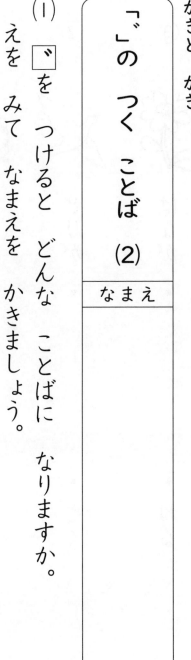

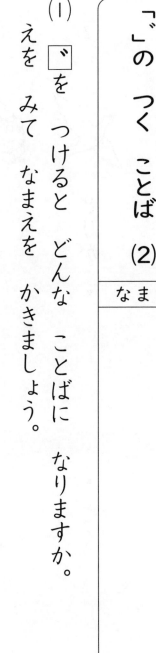

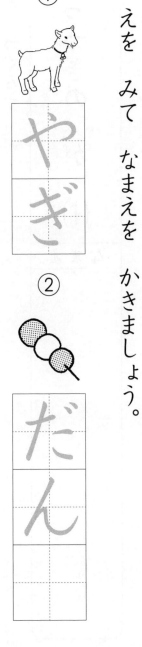

ぶんを　つくろう

くっつきの「が」(1)

なまえ

(1) えを　みて　「□が　□。」の　ぶんを　なぞりましょう。

①

みんなが
わらう。

②

わたしが
うたう。

ぶんの　おわりには、まる□。を　つけます。

(2) うえと　したを　——せんで　むすんで、えに　あう　ぶんを　つくりましょう。

①

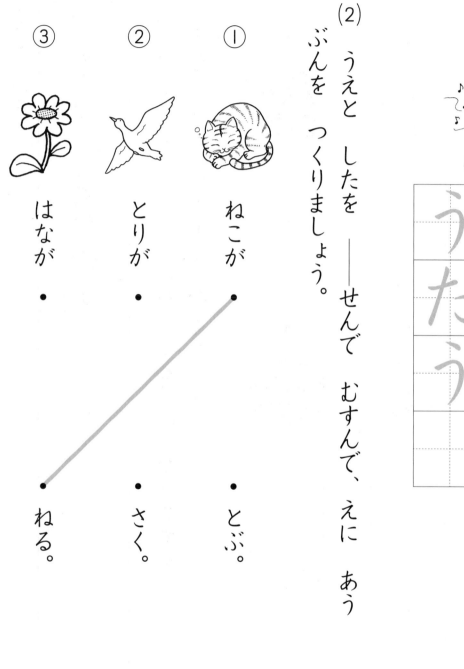

ねこが　・　　・　とぶ。

②

とりが　・　　・　さく。

③

はなが　・　　・　ねる。

ぶんを　つくろう

くっつきの「が」(2)

なまえ

● えを　みて「□が□。」の　ぶんを　つくりましょう。

①

くま　ねる

くまがねる。

②

うま　はしる

うまがは

③

こま　まわる

こが

④

さる　うたう

が

⑤

おに　わらう

が

ぶんの　おわりには、まる。□を　つけるよ。

ちいさい「っ」(1)

なまえ

● えと　ことばを　——せんで　むすびましょう。
ことばを　よんで　ひらがなを　なぞりましょう。

①

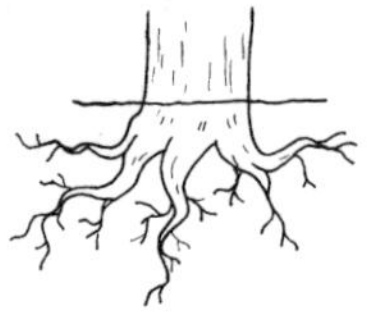

ねこ

ねっこ

②

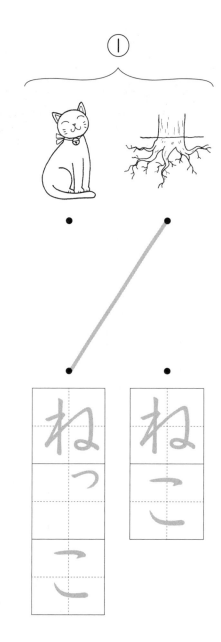

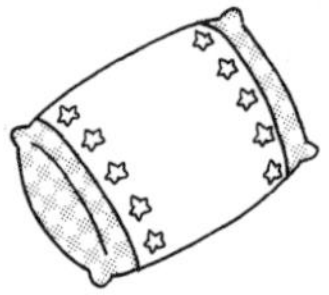

まくら

まっくら

③

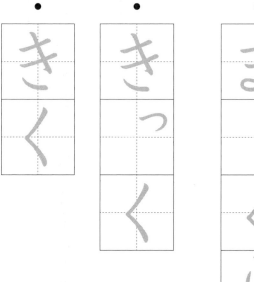

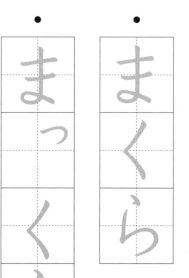

きっく

きく

ちいさい「っ」を　いれると、ちがう　ことばに　なって　いるね。
ちいさい「っ」に　きを　つけて　よんで　みよう。

ねこと ねっこ

ちいさい「っ」(2)

なまえ

● えを みて なまえを かきましょう。
かけたら こえに だして よみましょう。

① 
き□ね

② 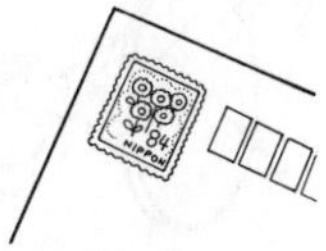
き□て

③ 
き□ぷ

④ 
ら□こ

⑤ 
し□ぽ

あいて いる □には、つか □を いれよう。

はらっぱ

らっぱ

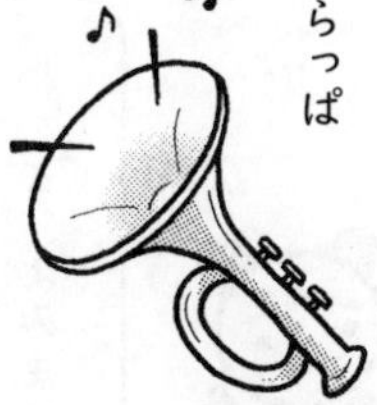

□の つく もじは 5つ あります。
なぞりましょう。

ぱぴぷぺぽ

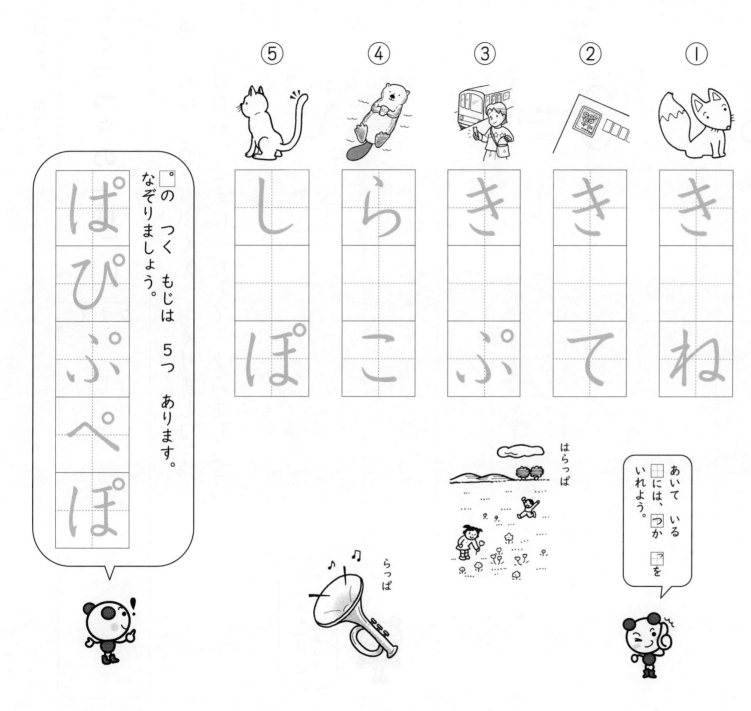

くっつきの「は」(1)

なまえ

● えに　あう　ぶんを　つくりましょう。
かけたら　こえに　だして　よみましょう。

①

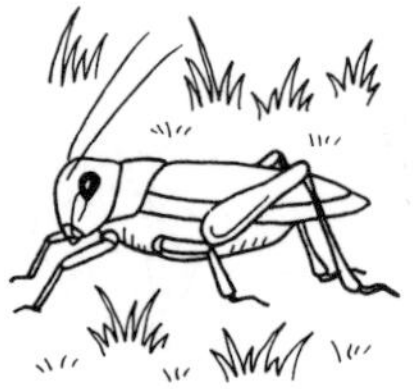
ばった
むし

ばったは、
むしです。

くっつきの「は」は、
「わ」と　よみます。

②

らっぱ
がっき

らっぱは、
がっきです。

③

らっこ
どうぶつ

らっこは、
です。

てん、□や　まる。□を
わすれずに　つけよう。

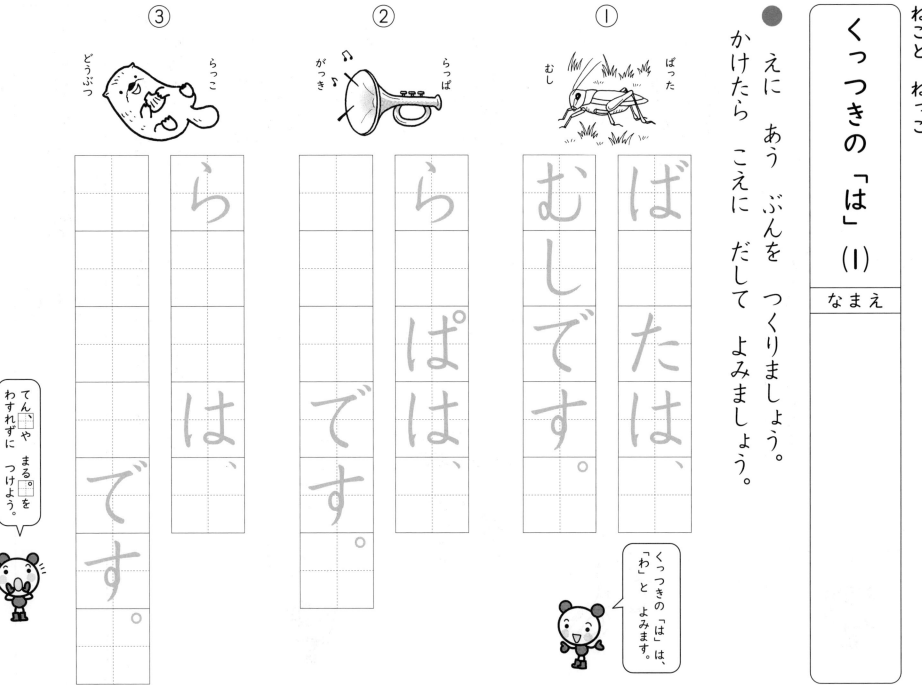

くっつきの「は」(2)

なまえ

● えに　あう　ぶんを　つくりましょう。
かけたら　こえに　だして　よみましょう。

①

あり
ちいさい

ありは、

ちいさい。

②

はなび
きれい

は、

きれい。

③

ほし
ひかる

は、

ひかる。

④

うさぎ
はねる

は、

はねる。

かけたら　くっつきの「は」を　○で　かこんで　みよう。

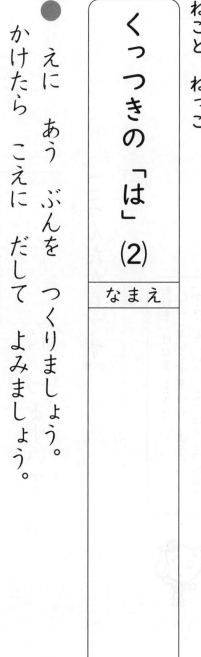

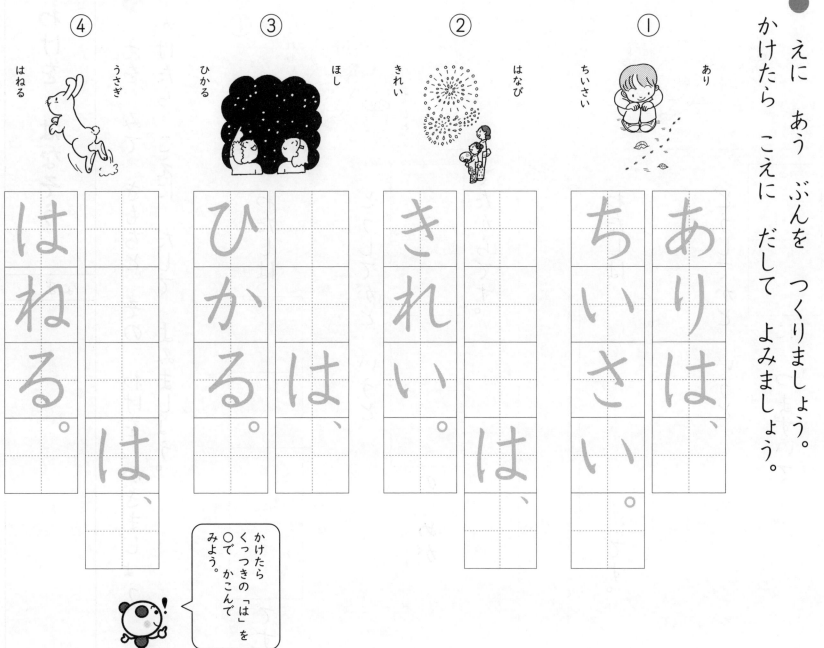

わけを　はなそう

なまえ

● えを　みて　きもちと　その　わけを　かきましょう。
かけたら　こえに　だして　よみましょう。

①

わたしは、［うれしい］です。

どうしてかと　いうと、［　　　　］の　めが　でたからです。

②

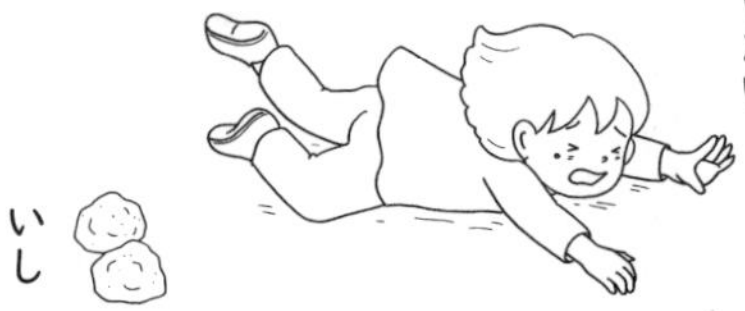

わたしは、［　　　　］です。

どうしてかと　いうと、［　　　　］に　つまずいて　ころんだからです。

わけを　はなす　ときは、「○○したからです。」の　ように、「から」と　いう　ことばを　つかおう。

おばさんと　おばあさん

のばす　おん　(1)

なまえ

(1) えを　みて　ことばを　なぞりましょう。
かけたら　ことばを　こえに　だして　よみましょう。

① 
おばさん

② 
おばあさん

③ 
おじさん

④ 
おじいさん

(2) ただしい　かきかたの　ほうに　○を　つけましょう。

① 
(　)ほき
(　)ほうき

② 
(　)たいそう
(　)たいそお

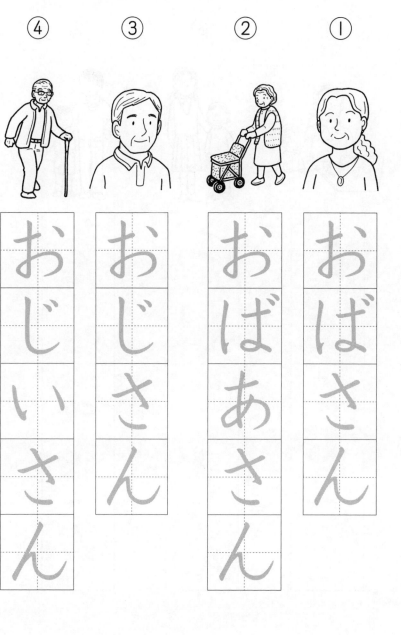

のばす　おん　(2)

なまえ

● えを　みて、いえの　ひとの　よびかたを　かきましょう。
かけたら　こえに　だして　よみましょう。

①

おか□さん

②

おに□さん

③

おね□さん

④

おと□さん

⑤

いも□と

⑥

おと□と

あいて　いる
□には
あいうえの
どれかを
いれよう。

おばさんと　おばあさん

のばす　おん ⑶

なまえ

⑴ えに　あう　ことばを　かきましょう。かけたら　こえに　だして　ことばを　よみましょう。

① 
ほうき

② 
す□じ

③ 
ろ□そく

④ 
ゆ□やけ

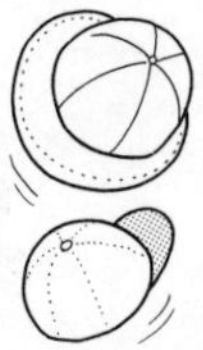

⑵ えに　あう　ことばは　どれでしょう。｛　｝の　もじの　ただしい　ほうを　○で　かこみましょう。

① 
おね｛い　え｝さん

② 
いも｛お　う｝と

③ 
おと｛う　お｝と

④ 
おと｛お　う｝さん

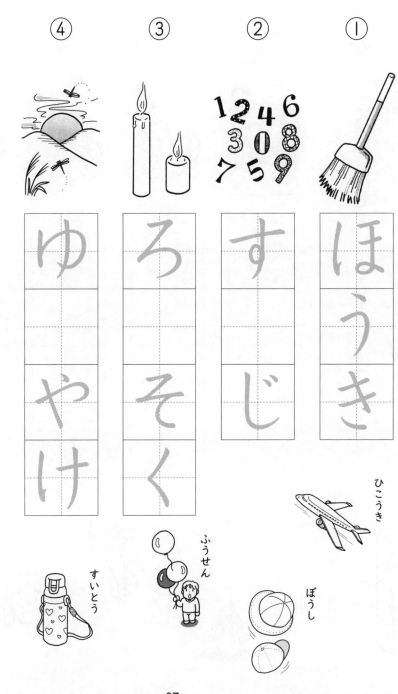

のばす　おん　⑷

―とくべつな　のばす　おん―

なまえ

● えに　あう　ことばを　なぞりましょう。
ことばを　こえに　だして　よみましょう。

①

こおり

②

こおろぎ

③

おおかみ

④

おおだいこ

かきごおり

ほお

ほおずき

ほのお

☆　こえに　だして　よみましょう。

とおくの
おおきな
こおりの　うえを
おおくの
おおかみ
とおずつ
とおる

うえの　――せんの
ことばは、
うでは　なく
おを　つかう
とくべつな
ことばです。
おぼえて　おこう。

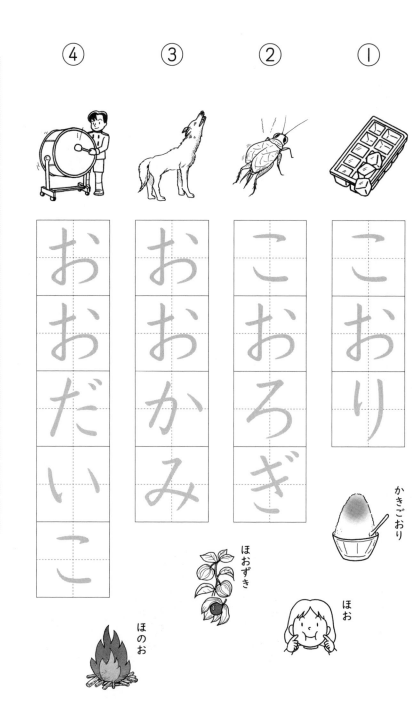

くっつきの「を」(1)

なまえ

(1) えを　みて　ぶんを　かきましょう。
かけたら　こえに　だして　よみましょう。

① 

いもとを　みる。

② 

おかあさんを　よぶ。

(2) うえと　したを　――せんで　むすんで、えに　あう
ぶんを　つくりましょう。

① 
ほんを　・　　・　きく。

② 
ぶどうを　・　　・　よむ。

③ 
うたを　・　　・　たべる。

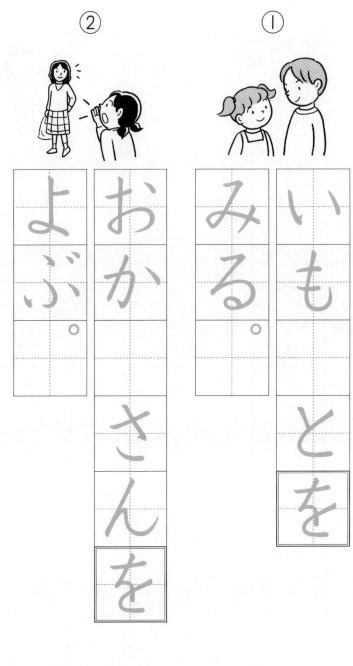

くっつきの「を」(2)

なまえ

● えを　みて　ぶんを　つくりましょう。
かけたら　こえに　だして　よみましょう。

①

くつ
はく

くつをはく。

②
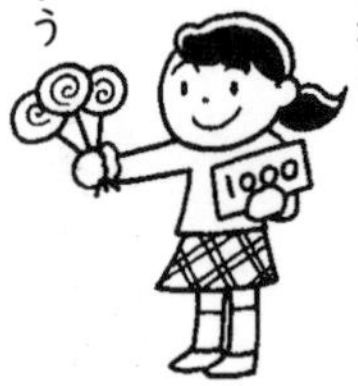
おかし
かう

お　を　。

③

さかな
つる

さ　　。

④

えいが
みる

え　　。

⑤

かきごおり
たべる

か

た　。

かけたら
くっつきの「を」を
○で　かこんで
みよう。

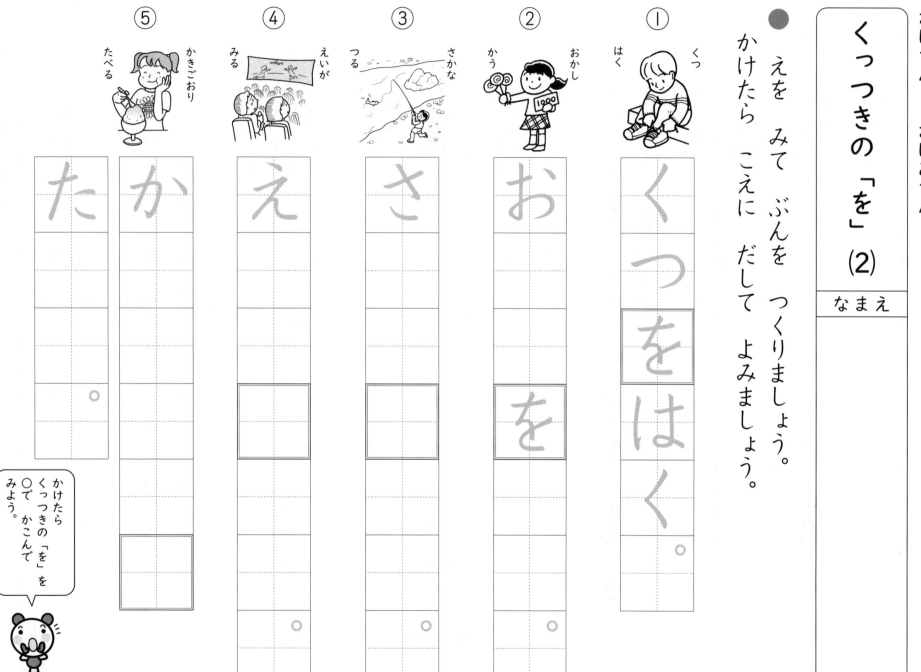

くちばし (1)

なまえ

つぎの ぶんしょうを 2かい よみ、えを みて こたえましょう。

1

ふとくて、
さきが まがった
くちばしです。
これは、なんの
くちばしでしょう。

2

これは、おうむの
くちばしです。

（令和二年度版 光村図書 国語一上 かざぐるま むらた こういち）

1

(1) どんな くちばしですか。

□□ て、
さきが □□□□□
くちばし。

(2) たずねて いる ぶんに ○を つけましょう。

（ ）ふとくて、さきが まがった くちばしです。

（ ）これは、なんの くちばしでしょう。

2

なんの くちばしですか。

□□□

くちばし ⑵

なまえ

つぎの ぶんしょうを 2かい よみ、えを みて こたえましょう。

1

おうむは、まがった
くちばしの さきで、
かたい たねの
からを わります。

2

そして、なかの みを
たべます。

1

⑴ おうむの くちばしの
さきは、どのような
かたちを して いますか。
○を つけましょう。

（ ）まっすぐな かたち。
（ ）まがった かたち。

⑵ おうむは、くちばしの
さきで なにを わりますか。

かたい □□ の □□。

2

おうむは、なにを たべますか。
ひとつに ○を つけましょう。

（ ）かたい たね。
（ ）かたい たねの から。
（ ）たねの なかの み。

（令和二年度版 光村図書 国語一上 かざぐるま むらた こういち）

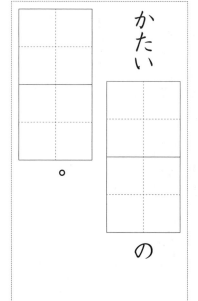

ちいさい「や・ゆ・よ」(1)

なまえ

(1) えを　みて　ただしい　かきかたの　ほうに　○を　つけましょう。

① 

(　)おもちや
(　)おもちゃ

② 

(　)じてんしゃ
(　)じてんしや

③ 

(　)あくしゅ
(　)あくしゆ

④ 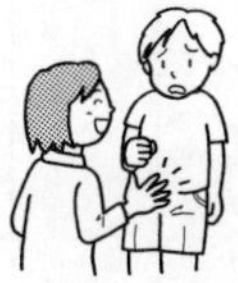

(　)じゃんけん
(　)じやんけん

(2) えに　あう　ことばを　なぞりましょう。
かけたら　こえに　だして　ことばを　よみましょう。

① 

でんしゃ

② 

はくしゅ

③ 

としょかん

④ 

しゃぼんだま

ちいさい「や・ゆ・よ」を　かく　ばしょに　きを　つけよう。

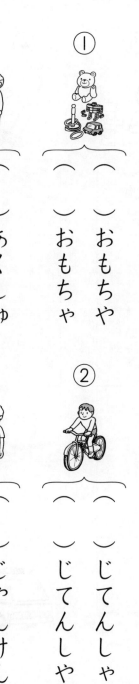

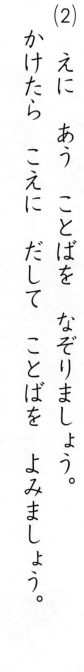

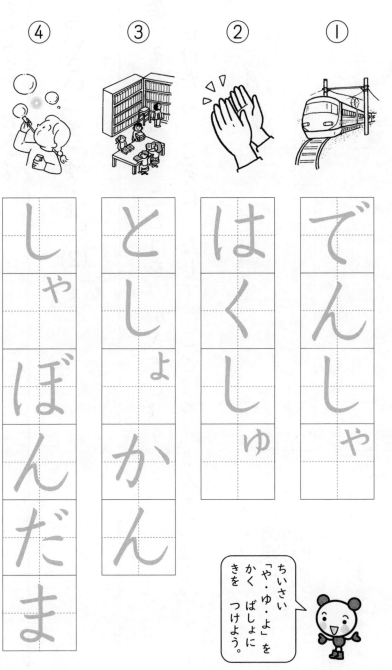

ちいさい「ゃ・ゅ・ょ」(2)

なまえ

● えを みて ことばを かきましょう。
かけたら こえに だして ことばを よみましょう。

① 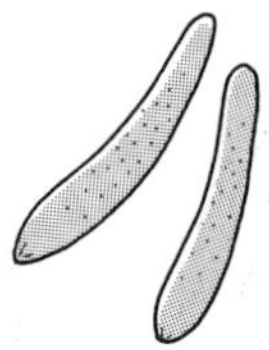
き う り

② 
き う し つ

③ 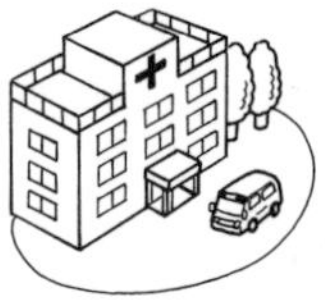
び い ん

④ 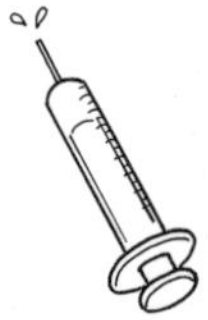
ち し

⑤ 
ぎ に

⑥ 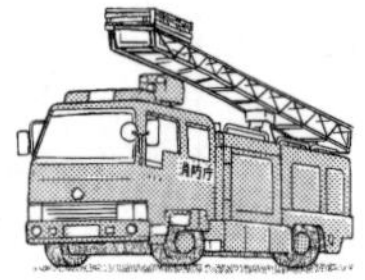
し ぼ し

どの ことばにも
ちいさい 「ゃ・ゅ・ょ」と
のばす おんの 「う」が あるね。

おもちゃと　おもちゃ

ちいさい「や・ゆ・よ」(3)

なまえ

(1) えを　みて　ことばを　かきましょう。
かけたら　こえに　だして　ことばを　よみましょう。

①

しょっき

②
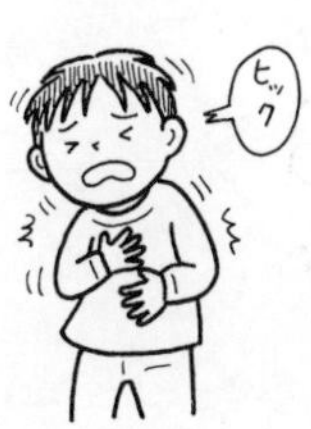

し　　くり

しゅっせき

(2) えを　みて　ただしい　かきかたの　ほうに　○を　つけましょう。

①

（　）きんぎよ
（　）きんぎょ

②

（　）にんぎょ
（　）にんぎょう

③

（　）かぼちゃ
（　）かぼち

④

（　）くざく
（　）くじゃく

⑤

（　）じょうろ
（　）じうろ

⑥

（　）きゅうしょく
（　）きうしょく

⑦

（　）じうえん
（　）じゅうえん

⑧

（　）しっぱつ
（　）しゅっぱつ

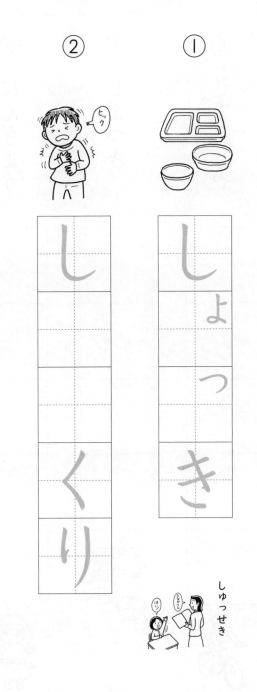

ちいさい「ゃ・ゅ・ょ」(4)

なまえ

● つぎの　ことばを　ただしく　かきなおしましょう。
かけたら　こえに　だして　よみましょう。

① じやんけん

② あくしゆ

③ にんぎよう

④ しよつき

⑤ じてんしや

⑥ きゆうしよく

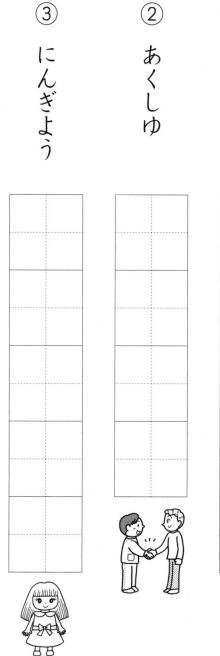

くっつきの「へ」(1)

なまえ

(1) えを　みて　ぶんを　なぞりましょう。

①

としょかんへ　いく。

②

きょうしつへ　はいる。

(2) うえと　したを　――　せんで　むすんで、えに　あう　ぶんを　つくりましょう。

①

みぎへ　・

②

そとへ　・

③

まえへ　・

・すすむ。

・でる。

・まがる。

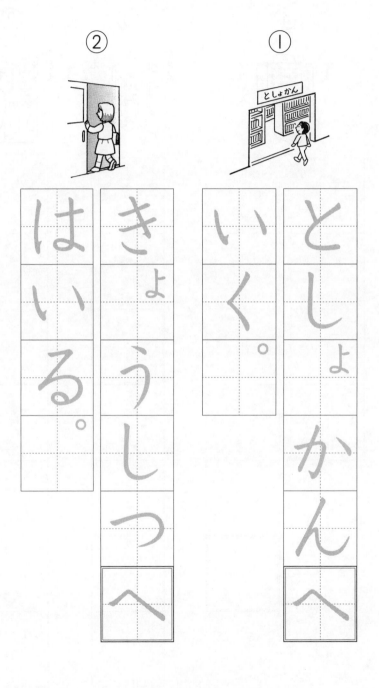

くっつきの「へ」(2)

なまえ

● えを　みて　ぶんを　つくりましょう。
かけたら　こえに　だして　よみましょう。

①

えき
いく

えき へ いく。

②

へや
もどる

へや　もどる。

③

いえ
かえる

いえ　か　。

④

びょういん
むかう

び
む　。

⑤

ぼくじょう
いく

ぼ

かけたら　くっつきの「へ」を
○で　かこんで　みよう。

あいうえおで あそぼう (1)

なまえ

あ	か	さ	た	な	は	ま	や	ら	わ	ん
い	き	し	ち	に	ひ	み	(い)	り	(い)	
う	く	す	つ	ぬ	ふ	む	ゆ	る	(う)	
え	け	せ	て	ね	へ	め	(え)	れ	(え)	
お	こ	そ	と	の	ほ	も	よ	ろ	を	

(1) うえの ひょうを たて（↓）や よこ（←）に よみましょう。

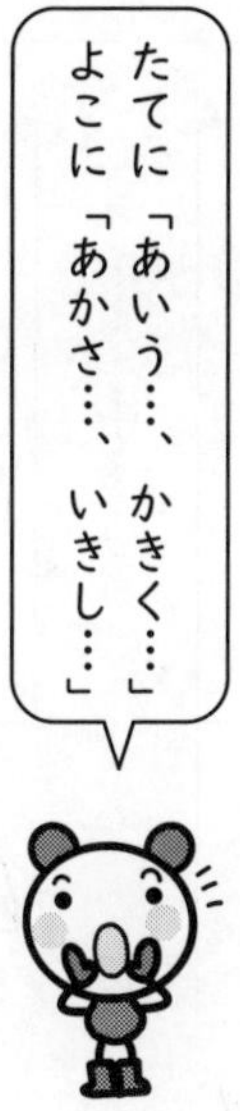

(2) えに あう ことばを かいて しりとりを しましょう。

めだか → か□□ → と□□□ → り□ → ず□

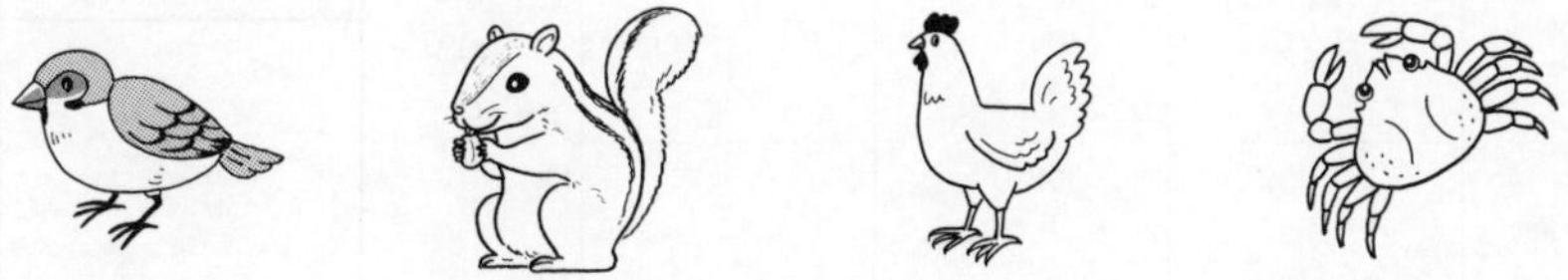

あいうえおで あそぼう (2)

なまえ

※ みぎききの ひとは みぎの ますに、ひだりききの ひとは ひだりの ますに かきましょう。

あいうえお
かきくけこ
さしすせそ
たちつてと
なにぬねの

(1) うえの ひょうに ひらがなを かきましょう。

(2) ことばを つないで しりとりを しましょう。

いし

か

さ

な

し
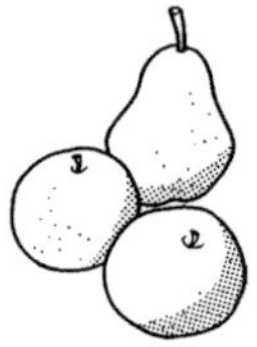

あいうえおで あそぼう ⑶

なまえ

※ みぎききの ひとは みぎの ますに、ひだりききの ひとは ひだりの ますに かきましょう。

はひふへほ
まみむめも
や（い）ゆ（え）よ
らりるれろ
わ（い）（う）（え）を
ん

⑴ うえの ひょうに ひらがなを かきましょう。

⑵ ことばを つないで しりとりを しましょう。

り　ご

ま

め
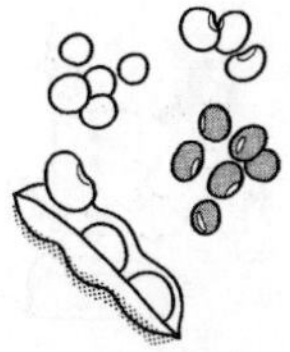

が

み

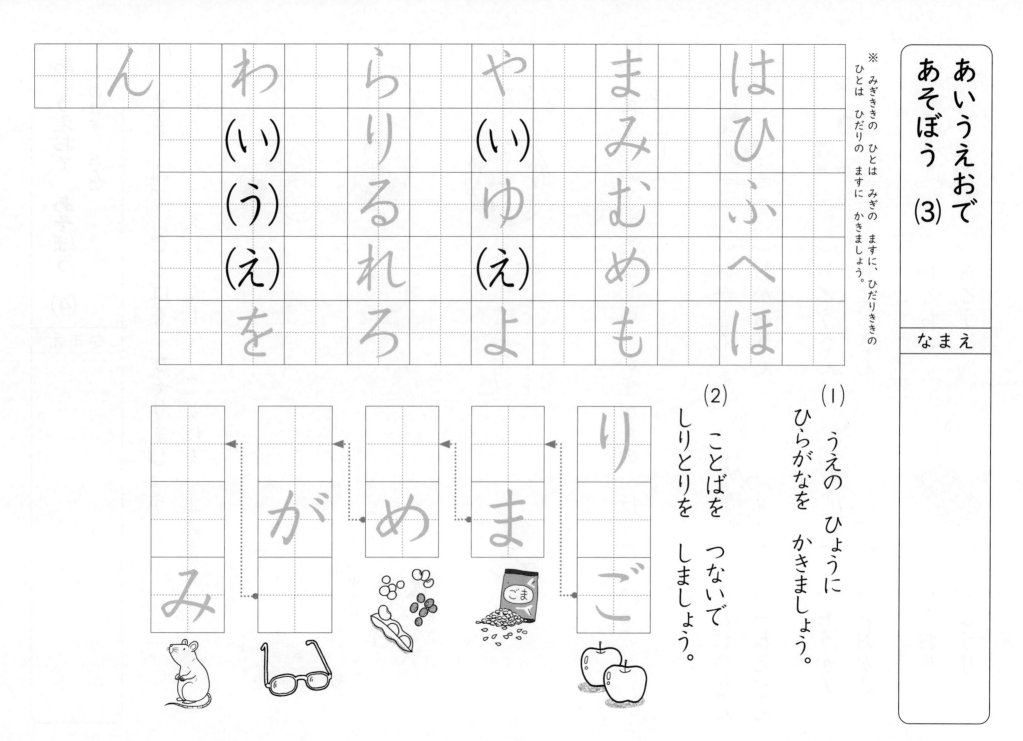

あいうえおで　あそぼう　(4)
（のばす　おん）

なまえ

(1) えを　みて　ことばを　なぞりましょう。
かけたら　こえに　だして　ことばを　よみましょう。

①

せんべい

②

せんせい

③

とけい

(2) えを　みて　ただしい　かきかたの　ほうに　○を
つけましょう。

①

（　）おかさん
（　）おかあさん

②

（　）おねいさん
（　）おねえさん

③

（　）おとうさん
（　）おとおさん

④

（　）おうかみ
（　）おおかみ

⑤

（　）おとおと
（　）おとうと

⑥

（　）こおり
（　）こうり

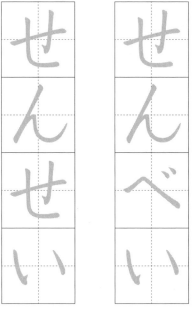

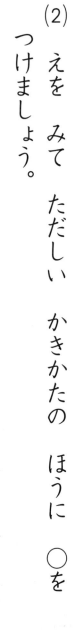

おおきく なった (1)

なまえ

あさがおの かんさつで わかった ことを カード《かあど》に かきました。つぎの カード《かあど》の ぶんしょうを よんで こたえましょう。

5がつ29にち

はっぱが おおきく なった

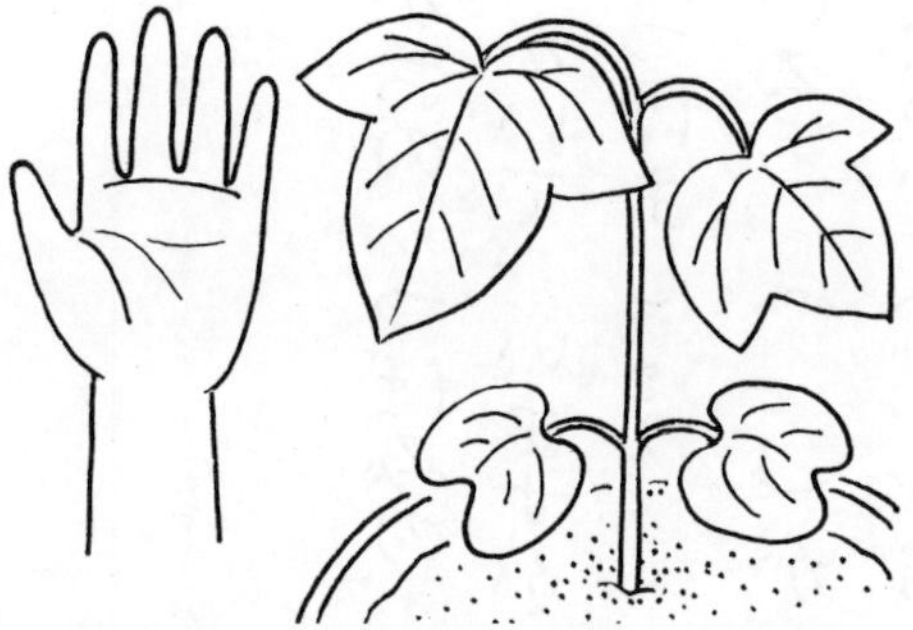

とみた りか

はっぱの おおきさは、わたしの てと おなじくらいです。さわると、ちくちく します。

（令和二年度版 光村図書 国語一上 かざぐるま 「おおきく なった」による）

(1) はっぱの おおきさは、どのくらいですか。

［　　　　］の［　　］と おなじくらいです。

(2) はっぱを さわると、どんな かんじが しましたか。ひとつに ○を つけましょう。

（　）ざらざら
（　）ちくちく
（　）つるつる

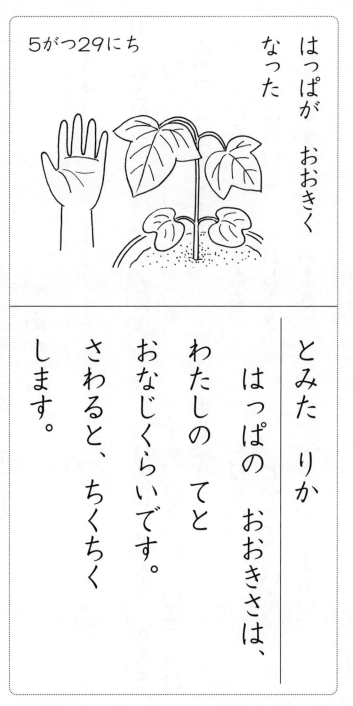

おおきく なった (2)

なまえ

つぎの カード《かあど》を みて こたえましょう。

6がつ29にち

つぼみが できた

きくち たくや

かず ふたつ。

かたち とがって いる。

いろ さきが すこし あかい。

あさがおの つぼみの ことを かいて いるね。

（令和二年度版 光村図書 国語一上 かざぐるま「おおきく なった」による）

(1) あさがおの つぼみの なにに ついて かいて いますか。○を みっつ つけましょう。

（　）いろ　（　）かたち

（　）におい　（　）おおきさ

（　）かず　（　）おもさ

(2) つぼみの かずは いくつ ですか。

(3) つぼみは どんな かたちですか。ひとつに ○を つけましょう。

（　）ほそい。

（　）とがって いる。

（　）さきが まるい。

(4) つぼみの いろは どんな いろですか。

さきが すこし 　　　。

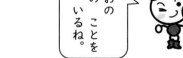

おおきな かぶ (1)

なまえ

つぎの ぶんしょうを 2かい よんで こたえましょう。

1

おじいさんが、かぶの
たねを まきました。
「あまい あまい
かぶに なれ。
おおきな おおきな
かぶに なれ。」

2

あまい あまい、
おおきな おおきな
かぶに
なりました。

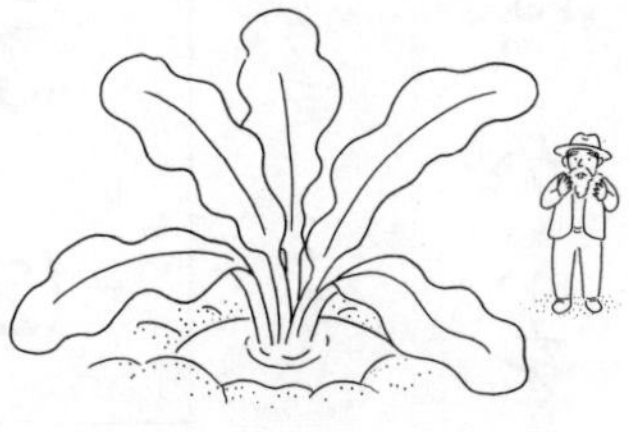

（令和二年度版 光村図書 国語一上 かざぐるま ロシアの民話 さいごう たけひこ やく）

1

(1) おじいさんは、なにを まきましたか。

［　　　　］の たね。

(2) おじいさんは、たねを まく とき、なんと いいましたか。ふたつに ◯を つけましょう。

（　）あまい かぶに なれ。
（　）ふとい かぶに なれ。
（　）おおきな かぶに なれ。

2

どんな かぶに なりましたか。

［　　　　］、［　　　　　］かぶ。

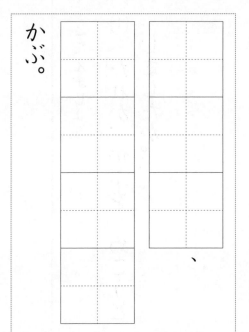

おおきな かぶ (2)

なまえ

つぎの ぶんしょうを 2かい よんで こたえましょう。

1

おじいさんは、かぶを
ぬこうと しました。
「うんとこしょ、
どっこいしょ。」

2

けれども、かぶは
ぬけません。

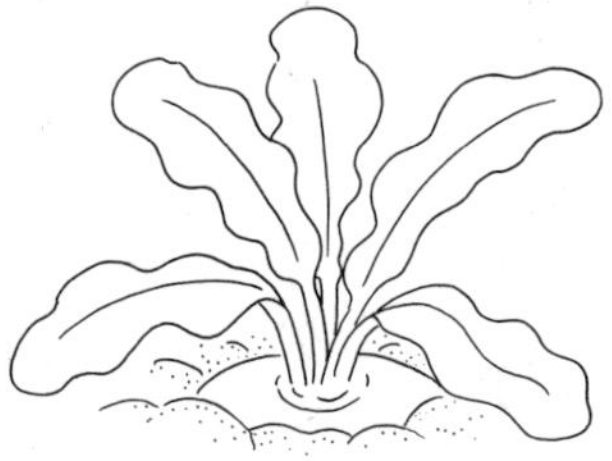

（令和二年度版 光村図書 国語一上 かざぐるま ロシアの民話 さいごう たけひこ やく）

1

(1) だれが、かぶを ぬこうと しましたか。

(2) なんと いって かぶを ぬこうと しましたか。ひとつに ○を つけましょう。

（ ）うんとこ、どっこい。

（ ）うんとこしよ、どっこいしよ。

（ ）うんとこしょ、どっこいしょ。

2

かぶは どう なりましたか。ひとつに ○を つけましょう。

（ ）かぶは ぬけません。

（ ）かぶは ぬけました。

（ ）かぶは おおきく なりました。

おおきな かぶ (3)

なまえ

つぎの ぶんしょうを 2かい よんで こたえましょう。

1

おじいさんは、
おばあさんを よんで
きました。

2

かぶを
おじいさんが
ひっぱって、
おじいさんを
おばあさんが
ひっぱって、
「うんとこしょ、
どっこいしょ。」
それでも、かぶは
ぬけません。

（令和二年度版 光村図書 国語一上 かざぐるま ロシアの民話 さいごう たけひこ やく）

1 おじいさんは、だれを よんで きましたか。

2

(1) かぶを もって ひっぱって いるのは だれですか。○を つけましょう。

（　）おじいさん
（　）おばあさん

(2) おじいさんを ひっぱって いるのは だれですか。

(3) かぶは ぬけましたか。○を つけましょう。

（　）ぬけた。
（　）ぬけなかった。

おおきな かぶ (4)

なまえ

つぎの ぶんしょうを 2かい よんで こたえましょう。

1

おばあさんは、まごを
よんで きました。

2

かぶを
おじいさんが
ひっぱって、
おじいさんを
おばあさんが
ひっぱって、
おばあさんを
まごが ひっぱって、
「うんとこしょ、
どっこいしょ。」
[あ]、かぶは
ぬけません。

（令和二年度版 光村図書 国語一上 かざぐるま ロシアの民話 さいごう たけひこ やく）

1 おばあさんが よんで きたのは、だれですか。

2

(1) かぶを もって ひっぱって いるのは、だれですか。ひとつに ○を つけましょう。

（ ）まご
（ ）おばあさん
（ ）おじいさん

(2) みんなで、どんな かけごえで ひっぱりましたか。

(3) [あ] に あてはまる ことばに ○を つけましょう。

（ ）やっぱり
（ ）とうとう

はをへを つかおう (1)
（くっつきの「は・を・へ」）

なまえ

(1) ――せんの かなづかいが ただしい ほうに ○を つけましょう。

①
（　）わたしわ あらう。
（　）わたしは あらう。

②
（　）かおお あらう。
（　）かおを あらう。

(2) (1)の ふたつの ぶんを ひとつの ぶんに まとめて かきましょう。

わたし□、
かお□あらう。

(3) ――せんの かなづかいが ただしい ほうに ○を つけましょう。

①
（　）わたしは かえる。
（　）わたしわ かえる。

②
（　）いええ かえる。
（　）いえへ かえる。

(4) (3)の ふたつの ぶんを ひとつの ぶんに まとめて かきましょう。

□、
□。

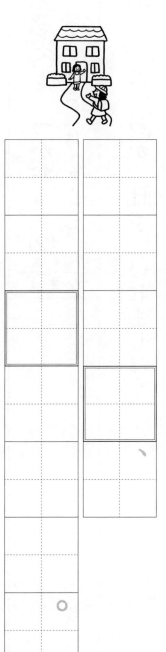

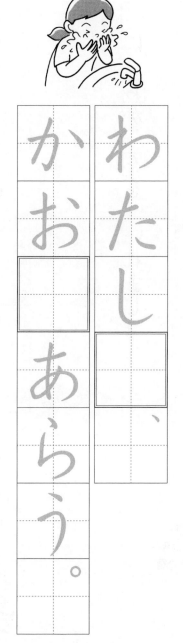

はをへを　つかおう　(2)

（くっつきの「は・を・へ」）

なまえ

(1) □に　わか　はを　いれましょう。

① うさぎ□、□ねる。

② □たし□、□しる。

③ ひま□りの□な□、おおきい。

(2) □に　おか　をを　いれましょう。

① おねえさんは、□んがく□きく。

② いもうとは、□りがみ□る。

③ おとうとは、□にの□めん□つくる。

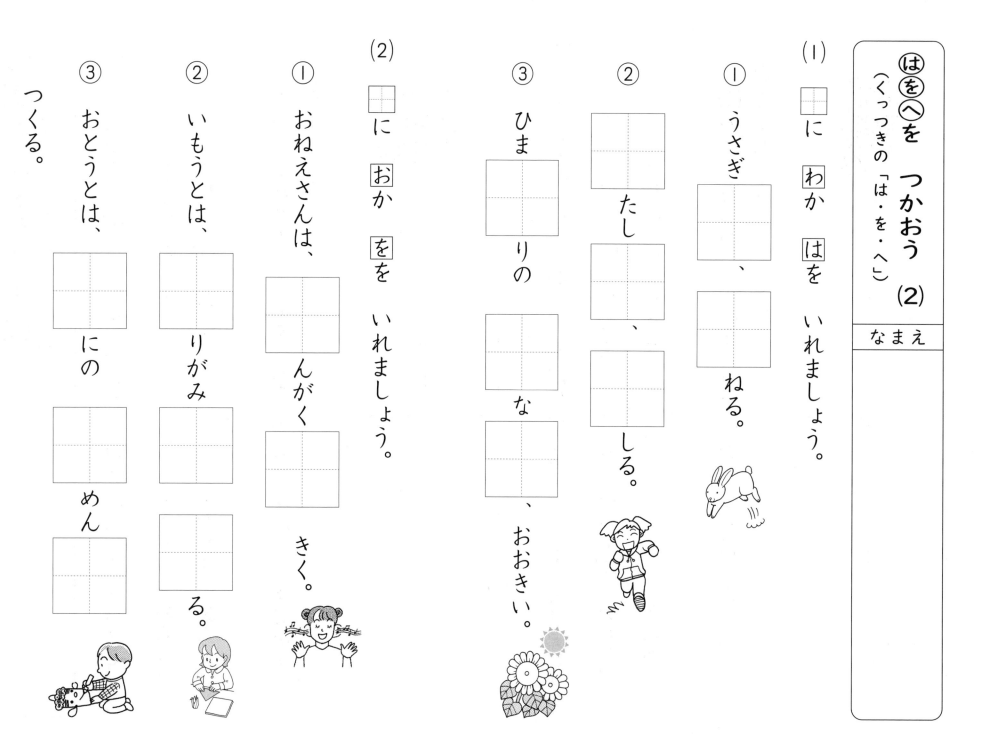

ⓗⓞⓗを つかおう (3)

（くっつきの「は・を・へ」）

なまえ

(1) ただしい ほうを ○で かこみましょう。

① さかな｛お・を｝つる。（を に ○）

② がっこう｛え・へ｝いく。

③ こま｛わ・は｝まわる。

④ おやつ｛を・お｝たべる。

⑤ はち｛は・わ｝とぶ

⑥ こうえん｛へ・え｝いく。

(2) ——せんの じを （　）に ただしく かきなおしましょう。

① せんせいわ（は）、きょうしつえ（　） はいる。

② こうえんえ（　） いって、おむすびお（　） たべる。

③ おじいさんわ（　）、はたけに たねお（　） まく。

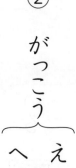

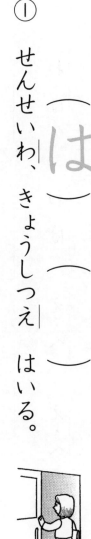

ⓗⓞⓗを つかおう (4)

（くっつきの「は・を・へ」）

なまえ

● □に あう じを えらんで かきましょう。

① に□（わ・は）とり□（わ・は）あさ□（わ・は）やく なく。

② □（わ・は）たし□（わ・は）□（え・へ）き□（え・へ）むかう。

③ □（お・を）りがみで つる□（お・を）□（お・を）る。

④ たのしい□（わ・は）なし□（お・を）きいて□（わ・は）らう。

⑤ □（え・へ）やの なか□（え・へ）□（わ・は）いる。

⑥ □（わ・は）に□（わ・は）、お□（お・を）きな くち□（お・を）あける。

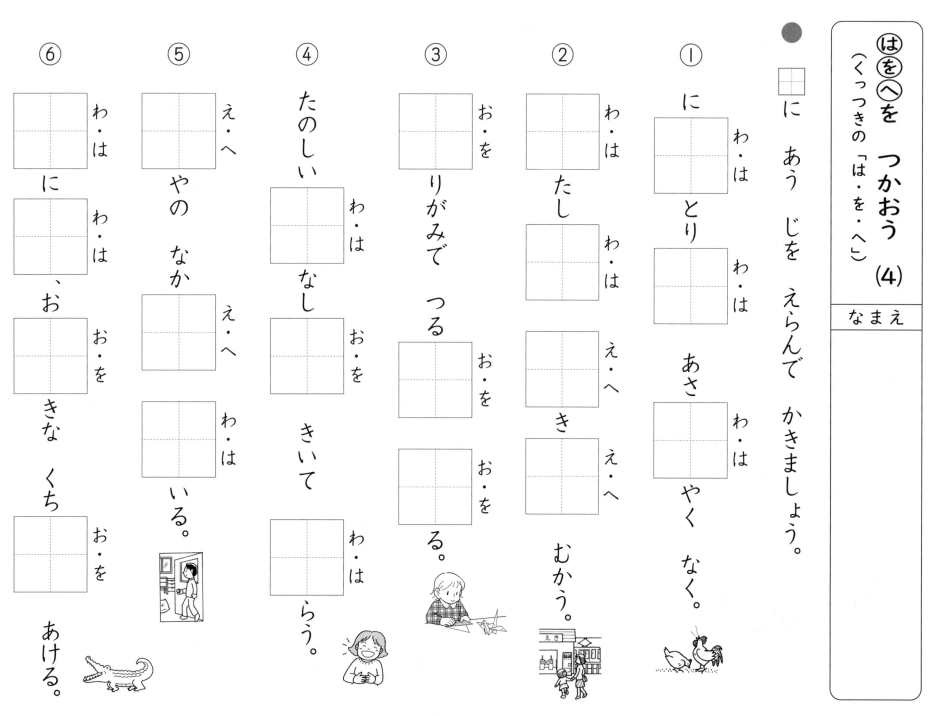

ⓗⓞⓔを つかおう (5)

（ぶんを つくろう）

なまえ

● えを みて「□は、□を□。」の ぶんを つくりましょう。

①

さる かき

さ　は、

か　を

たべる。

②

ぼく あさがお

は、

を

みる。

③

わたし おむすび

、

つくる。

㊚㊝㊞を　つかおう　(6)

（ぶんを　つくろう）

なまえ

● えを　みて「□は、□を　□。」の　ぶんを　つくりましょう。

①

とり　そら

と　は、　そ　を

とぶ。

②

うし　くさ

は、　を

たべる。

③

ぼく　くつ

、

はく。

④

わたし　おちゃ

、

のむ。

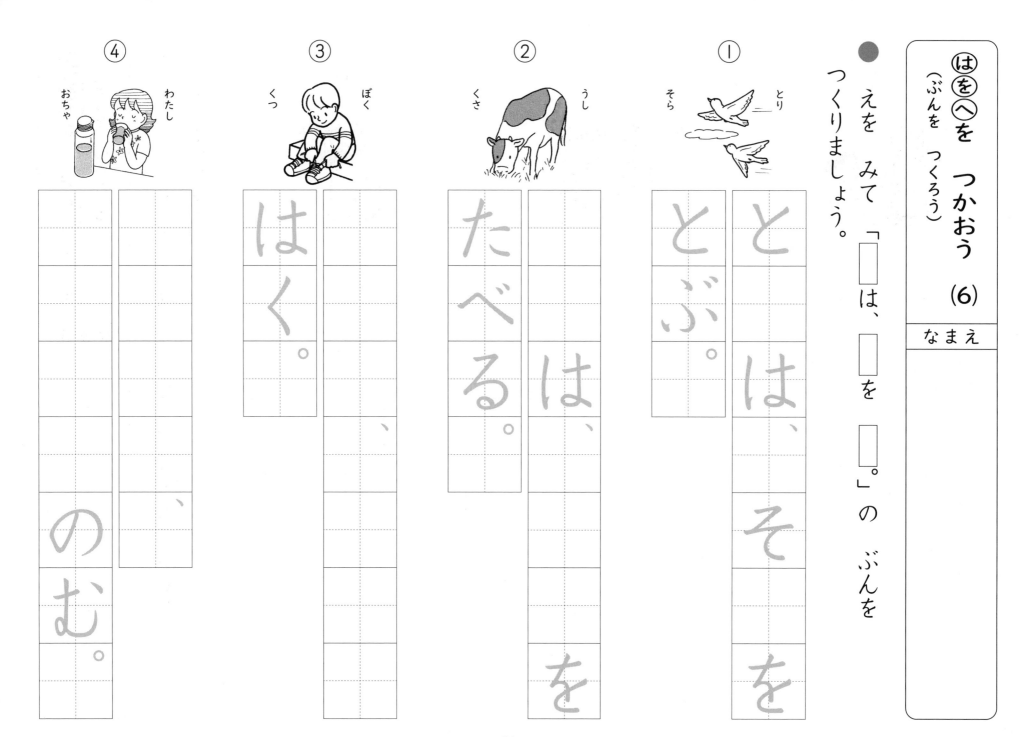

㊤はをへを つかおう (7)

（ぶんを つくろう）

なまえ

● えを みて 「□は、□へ □。」の ぶんを つくりましょう。

①

わたし

がっこう

わ は、

が へ

いく。

②

ぼく

ほらあな

は、

へ

はいる。

③

おとうと

えいがかん

、

いく。

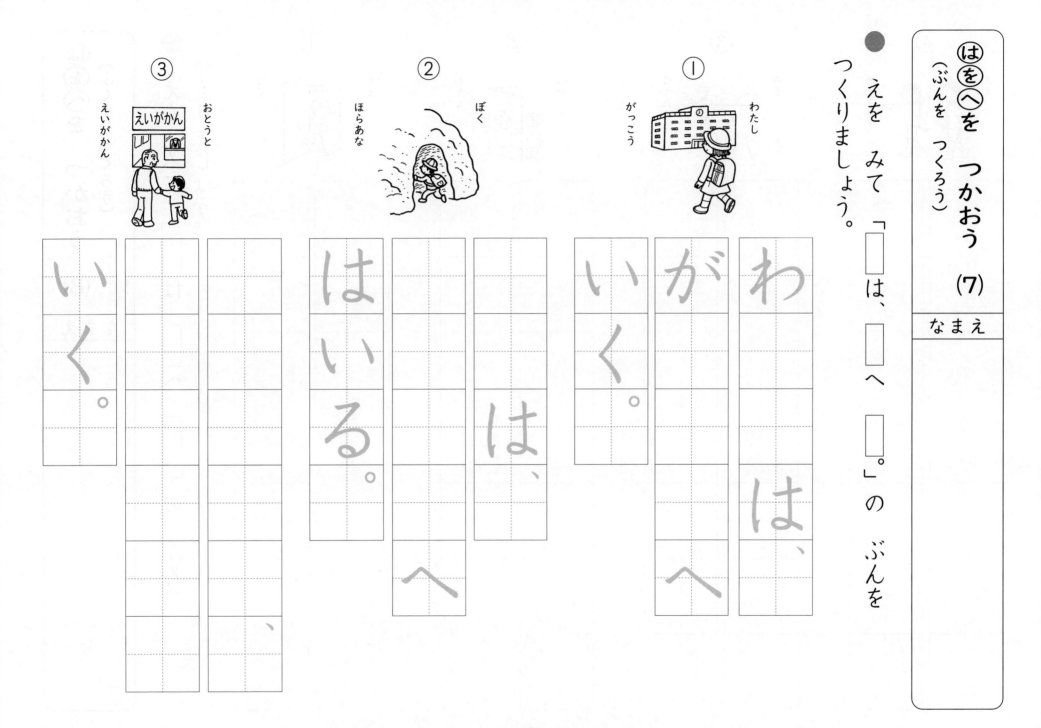

㋩㋾へを　つかおう　(8)
（ぶんを　つくろう）

なまえ

● えを　みて　「□は、□へ　□。」の　ぶんを　つくりましょう。

①

ぼく　そと

ぼ　は、　そ　へ

で　る。

②

わたし　へや

わ　は、

へ　も　ど　る。

③

ぼくたち　みぎ

、

ま　が　る。

④

わたしたち　まえ

、

す　す　む。

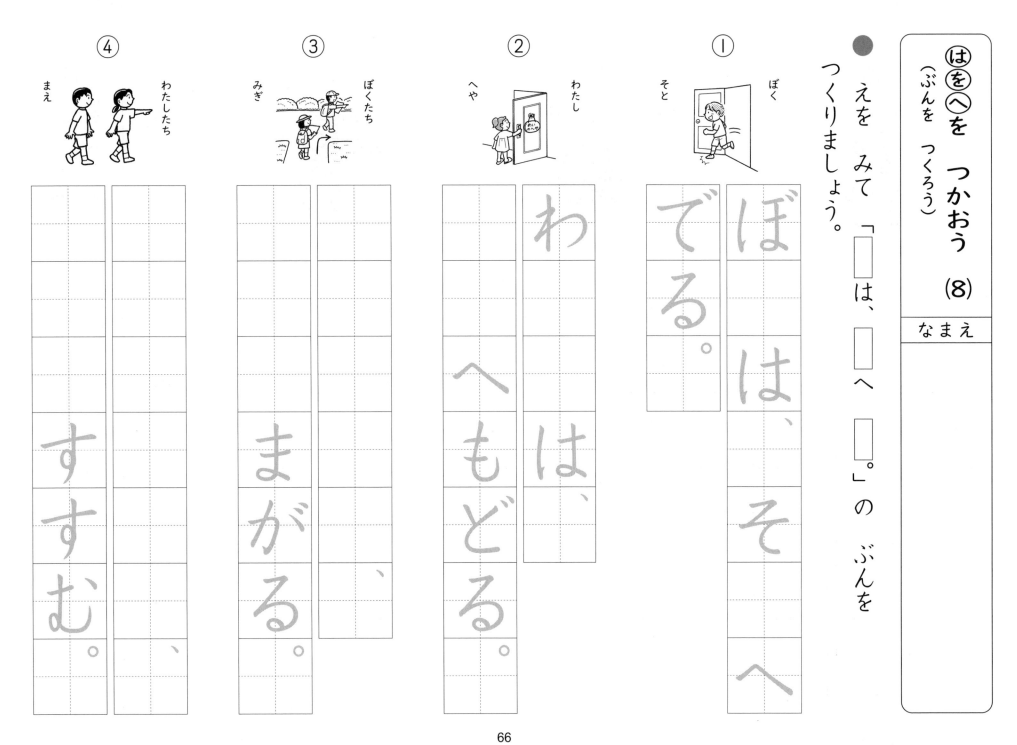

すきな　もの、なあに

なまえ

つぎの　ぶんを　てん（、）や　まる（。）に　きを　つけて　かきましょう。

※みぎききの　ひとは　みぎの　ますに、ひだりききの　ひとは　ひだりの　ますに　かきましょう。

きくち　たくや

ぼくのすきなものは、おりがみです。いろいろなものが、つくれるからです。

（令和二年度版　光村図書　国語一上　かざぐるま「すきな　もの、なあに」による）

わけを　つたえる　ときは、「〇〇から」と　いいます。

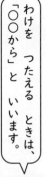

おむすび　ころりん　(1)

なまえ

つぎの　ぶんしょうを　2かい　よんで　こたえましょう。

1

むかし　むかしの
はなしだよ。
やまの　はたけを
たがやして、
おなかが　すいた
おじいさん。

2

そろそろ　おむすび
たべようか。
つつみを　ひろげた
その　とたん、
おむすび　ひとつ
ころがって、
ころころ　ころりん
かけだした。

（令和二年度版　光村図書　国語一上　かざぐるま　はそべ　ただし）

1

(1) いつの　はなしですか。
○を　つけましょう。
（　）いまの　はなし。
（　）むかし　むかしの　はなし。

(2) おじいさんは、やまで
なにを　しましたか。

［　　　　　　］を
たがやした。

2

(1) おじいさんは、なにを
たべようと　したのですか。

［　　　　　　］

(2) ころがって、
かけだしたのは、なんですか。
○を　つけましょう。
（　）おむすび　ひとつ。
（　）おむすび　ふたつ。

おむすび　ころりん　(2)

なまえ

つぎの　ぶんしょうを　2かい　よんで　こたえましょう。

1

まて　まて　まてと
おじいさん、
おいかけて　いったら
おむすびは、
はたけの　すみの
あなの　なか、
すっとんとんと
とびこんだ。

2

のぞいて　みたが
まっくらで、
みみを　あてたら
きこえたよ。
おむすび　ころりん
すっとんとん。
ころころ　ころりん
すっとんとん。

（令和二年度版　光村図書　国語一上　かざぐるま　はそべ　ただし）

1

(1) おじいさんは、なにを　おいかけて　いきましたか。

(2) おむすびは、どのような　ようすで　あなの　なかに　とびこみましたか。○を　つけましょう。

（　）まて　まて　まて。
（　）すっとんとん。

2

(1) のぞいて　みた　あなは、どんな　ようすでしたか。

(2) のぞいて　みた　あと、おじいさんは、あなに　なにを　あてて　みましたか。ひとつに　○を　つけましょう。

（　）おじいさんの　はな。
（　）おじいさんの　みみ。
（　）おじいさんの　くち。

おむすび　ころりん　(3)

なまえ

つぎの　ぶんしょうを　2かい　よんで　こたえましょう。

1

〔おむすびが　ころがって　とびこんだ
あなから　うたが　きこえました。〕

これは　これは
おもしろい。
ふたつめ　ころんと
ころがすと、
きこえる　きこえる
おなじ　うた。

2

おむすび　ころりん
すっとんとん。
ころころ　ころりん
すっとんとん。

（令和二年度版　光村図書　国語一上　かざぐるま　はそべ　ただし）

1

(1) うたを　きいた　おじいさんは、どのように　おもいましたか。○を　つけましょう。

（　）つまらない。

（　）おもしろい。

(2) おじいさんは、なにを　ころがしましたか。

（　　　　）の　おむすび。

2

きこえて　きたのは、どんな　うたでしたか。

おむすび（　　　　）

すっとんとん。

ころころ（　　　　）

（　　　　）。

としょかんと　なかよし

なまえ

きょうかしょの「としょかんと　なかよし」を　よんで、こたえましょう。

(1) ほんが　たくさん　おいて　ある　へやは　どこですか。ひとつに　○を　つけましょう。

(　)ほけんしつ
(　)としょかん
(　)たいいくかん

(2) うさぎの　ことが　わかる　ほんを　さがして　います。としょかんの　せんせいに　どのように　たずねると　よい　ですか。○を　つけましょう。

(　)なにが　おもしろい　ですか。
(　)うさぎの　ことが　わかる　ほんは　ありますか。

(3) つぎの　ほんの　ひょうしを　みて　こたえましょう。

かぐやひめ

① ひょうしには、なにが　かいて　ありますか。ひとつに　○を　つけましょう。

(　)だいめい
(　)じぶんの　なまえ
(　)よんだ　ひとの　なまえ

② ほんの　だいめいを　かきましょう。

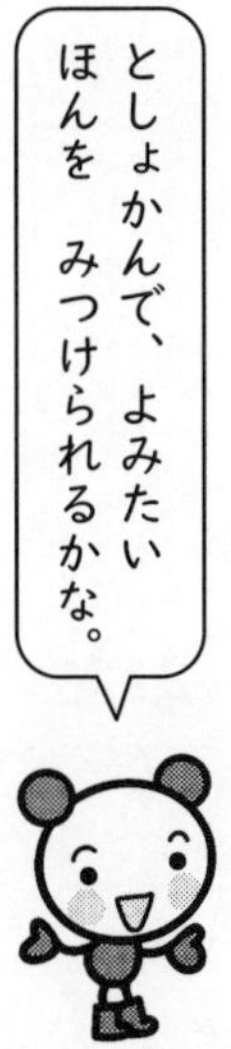
としょかんで、よみたい　ほんを　みつけられるかな。

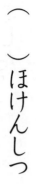

こんな ことが あったよ

なまえ

つぎの ぶんしょうを 2かい よんで こたえましょう。

1

はなびたいかい

おおた ゆい

わたしは、どようびに、
おじいちゃんと
はなびを みました。

2

そらに、おおきな
はなが さいたみたい
でした。
とても きれいでした。

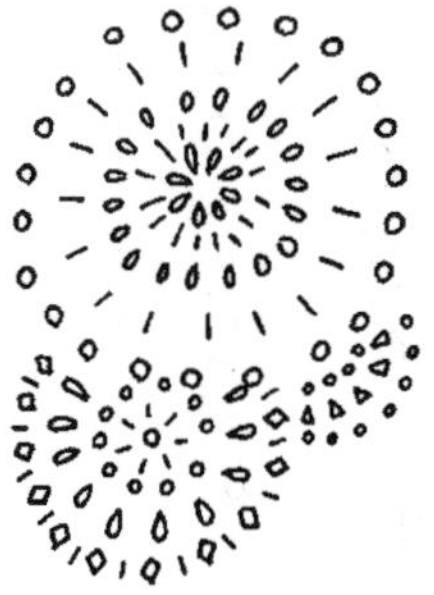

（令和二年度版 光村図書 国語一上 かざぐるま 「こんな ことが あったよ」による）

1

(1) おおた ゆいさんは、いつ、
はなびを みましたか。

(2) おおた ゆいさんは、だれと
はなびを みましたか。

2

はなびを みて、
おおたさんは どのように
おもいましたか。ふたつ
えらんで ◯を つけましょう。

（　）そらに おおきな
はなが さいたみたい。

（　）そらに たくさんの
ひかる ほしが ある
みたい。

（　）とても おもしろい。

（　）とても きれいだ。

つづけよう② こえに だして よもう

いちねんせいの うた

なまえ

つぎの しを 2かい よんで こたえましょう。

いちねんせいの うた

あおい そらの ㋐こくばんに
なに かこう

うでを のばし
ちからを こめて
まっすぐ
いちねんせいの 一《いち》

ぼくも かく
わたしも かく
いちねんせいの 一《いち》
いちばん はじめの 一《いち》

おひさま みてる
かぜが ふく

（令和二年度版 光村図書 国語一上 かざぐるま なかがわ りえこ）

(1) ㋐こくばんとは、なんの こと ですか。○を つけましょう。

（　）あおい そら。

（　）きょうしつに ある こくばん。

(2) こくばんに なにを まっすぐ かくのですか。

□□□□□□ の 一《いち》。

(3) ぼくも わたしも かいたのは、どんな もじ ですか。ひとつに ○を つけましょう。

（　）いちねんせい

（　）いちばん はじめ

（　）一《いち》

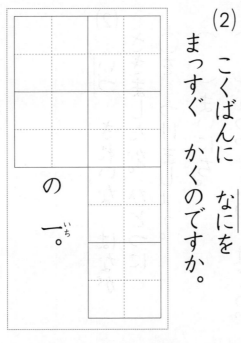

つづけよう②

ききたいな、ともだちの　はなし

なまえ

なつやすみに　した　ことに　ついて　ともだちが　はなしを　して　います。
2かい　よんで、もんだいに　こたえましょう。

ぼくは、まいにち、
あさがおの　みずやりを
しました。なつやすみの
はじめに、きれいな
はなが　さきました。

（1）「ぼく」は、まいにちあさがおに なにを　しましたか。

（2）いつ　きれいな　はなが　さきましたか。ひとつに　○を　つけましょう。

（　）まいにち。
（　）なつやすみの　はじめ。
（　）なつやすみの　あと。

（3）「ぼく」の　はなしを　きいて、さいた　はなの　いろを　しりたい　ときは、どのように　ききますか。○を　つけましょう。

（　）はなは、いくつ　さきましたか。
（　）はなの　いろは、なにいろでしたか。

（令和二年度版　光村図書　国語一上　かざぐるま　「ききたいな、ともだちの　はなし」による）

つづけよう②

たのしいな、ことばあそび (1)

なまえ

たくさんの　ことばが　かくれて　います。

● いぬ の　ように　たてに　かくれて　いる　ことばを　みつけて、8こ　かきましょう。

い	ち	ね	ん	せ	い	さ	や
ぬ	た	こ	お	ん	ぷ	し	か
あ	り	ま	く	ま	な	り	ん
ひ	と	え	き	ご	つ	と	そ
つ	け	も	ぐ	ら	や	り	ら
じ	い	も	だ	は	す	ず	め
え	ほ	ん	い	ち	み	い	だ
ひ	び	し	く	さ	ん	ぽ	か

（令和二年度版　光村図書　国語一上　かざぐるま「たのしいな、ことばあそび」による）

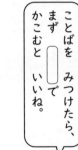

つづけよう②

たのしいな、ことばあそび

(2)

なまえ

たくさんの　ことばが　かくれて　います。

● ありの　ように　よこに　かくれて　いる　ことばを　みつけて，
8こ　かきましょう。

い	ち	ね	ん	せ	い	さ	や
ぬ	た	こ	お	ん	ぷ	し	か
あ	り	ま	く	ま	な	り	ん
ひ	と	え	き	ご	つ	と	そ
つ	け	も	ぐ	ら	や	り	ら
じ	い	も	だ	は	す	ず	め
え	ほ	ん	い	ち	み	い	だ
ひ	び	し	く	さ	ん	ぽ	か

（令和二年度版　光村図書　国語一上　かざぐるま「たのしいな，ことばあそび」による）

やくそく (1)

つぎの ぶんしょうを 2かい よんで こたえましょう。

なまえ

1

〔さんびきの あおむしたちは、
おおきな 木《き》の うえで
おおげんかを して います。〕

その ときです。
(あ)「うるさいぞ。」
おおきな 木《き》が、
ぐらりと ゆれて
いいました。

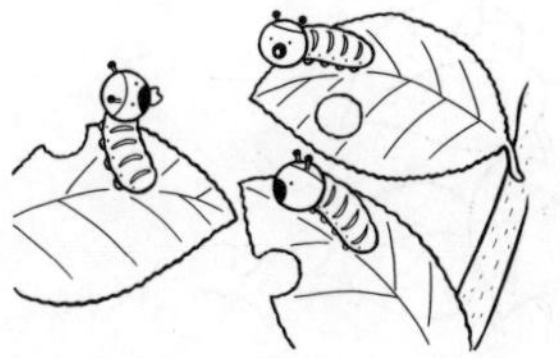

2

(い)「みんな、もっと
うえまで のぼって、
そとの せかいを
みて ごらん。」
あおむしたちは、
いわれた とおりに、
のぼって いきました。

(令和二年度版 光村図書 国語一上 かざぐるま こかぜ さち)

1 (あ)「うるさいぞ。」に ついて こたえましょう。

(1) だれが いいましたか。

(2) どんな ようすで いい ましたか。○を つけましょう。

( )じっと して いった。

( )ぐらりと ゆれて いった。

2 (い)「みんな、もっと うえまで のぼって、そとの せかいを みて ごらん。」に ついて こたえましょう。

(1) だれが いった ことば ですか。

(2) だれに いった ことば ですか。

やくそく (2)

なまえ

つぎの ぶんしょうを 2かい よんで こたえましょう。

1

〔さんびきの あおむしたちは、おおきな 木《き》に いわれた とおりに 木《き》の うえまで のぼって いきました。〕

いちばん たかい えだに つくと、さんびきは (あ)めを まるく しました。この おおきな 木《き》は、はやしの なかの たった いっぽん だったのです。

2

(い)「ぼくら、こんなに ひろい ところに いたんだね。」「そらも、こんなに ひろいんだね。」

1

(1) (あ)めを まるくした とき、さんびきの あおむしたちは どんな きもちでしたか。○を つけましょう。

(　)うれしい きもち。

(　)おどろいた きもち。

(2) さんびきが めを まるく したのは、なぜですか。

おおきな 木《き》は、はやしの なかの たった □□□□□□□□ だったと きづいたから。

2

(い)ぼくらとは、だれの ことですか。○を つけましょう。

(　)いっぴきの あおむし。

(　)さんびきの あおむしたち。

(　)はやしの なかの おおきな 木《き》。

(令和二年度版 光村図書 国語一上 かざぐるま こかぜ さち)

やくそく (3)

なまえ

つぎの ぶんしょうを 2かい よんで こたえましょう。

1

とおくには、うみが
みえます。
あおむしたちは、まだ
うみを しりません。
「あの ひかって
いる ところは、
なんだろう。」

2

さんびきは、
えだに ならぶと
せのびを しました。

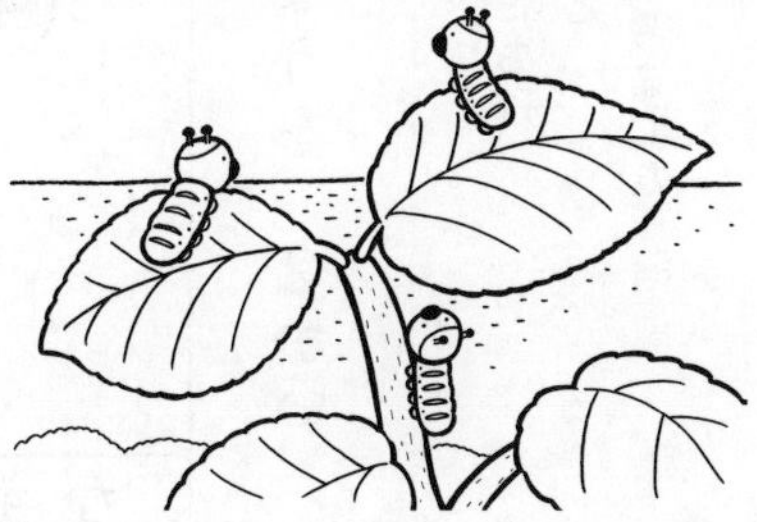

（令和二年度版 光村図書 国語一上 かざぐるま こかぜ さち）

1

(1) とおくには、なにが
みえましたか。

(2) これまで あおむしたちは
うみを みたことが
ありましたか。
○を つけましょう。
（ ）あった。
（ ）なかった。

2

(1) さんびきの あおむしたちは、
どこに ならびましたか。
○を つけましょう。
（ ）うみ
（ ）えだ

(2) あおむしたちは、ならんで
なにを しましたか。

やくそく (4)

なまえ

つぎの ぶんしょうを 2かい よんで こたえましょう。

1

（さんびきの あおむしたちは、
たかい えだに ならぶと
せのびを して、うみを みました。）

「きれいだね。
からだが ちょうに
かわったら、
㋐あそこまで とんで
みたいな。」
「わたしも、㋑あそこまで
とんで みたい。」
「それなら、みんなで
いこう。」

2

さんびきの あおむしは、
やくそくを しました。
そして、
くんねり
くんねり
おりて
いきました。

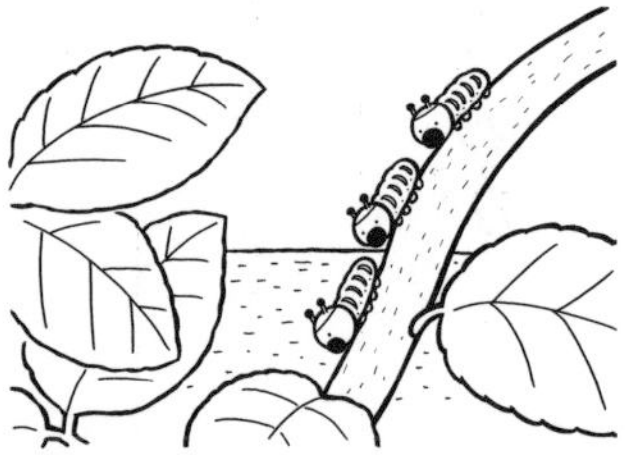

（令和二年度版 光村図書 国語一上 かざぐるま こかぜ さち）

1

(1) あおむしたちは、からだが なにに かわったら、うみまで とんで みたいのですか。

(2) ㋐あそこと、㋑あそこは、おなじ ところの ことです。どこの ことですか。ひとつに ○を つけましょう。

（ ）たかい えだ。

（ ）うみ。

（ ）おおきな 木《き》。

2

さんびきの あおむしは、どんな やくそくを しましたか。ひとつに ○を つけましょう。

（ ）みんなで ちょうに かわる こと。

（ ）みんなで うみを みる こと。

（ ）みんなで ちょうに かわったら、うみまで とんで いく こと。

かたかなを みつけよう (1)

なまえ

(1) ゜や ゛の つく じに きを つけて、えに あう ことばを かたかなで かきましょう。

① 

パ

② 

サ

③ 

パ

(2) ちいさく かく 「ッ」に きを つけて、えに あう ことばを かたかなで かきましょう。

① 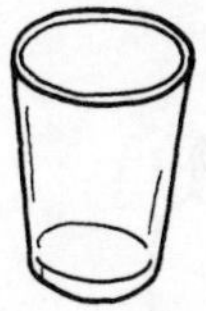

コ

② 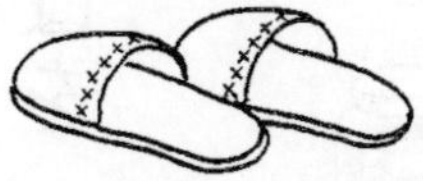

ス

③ 

ト　ク

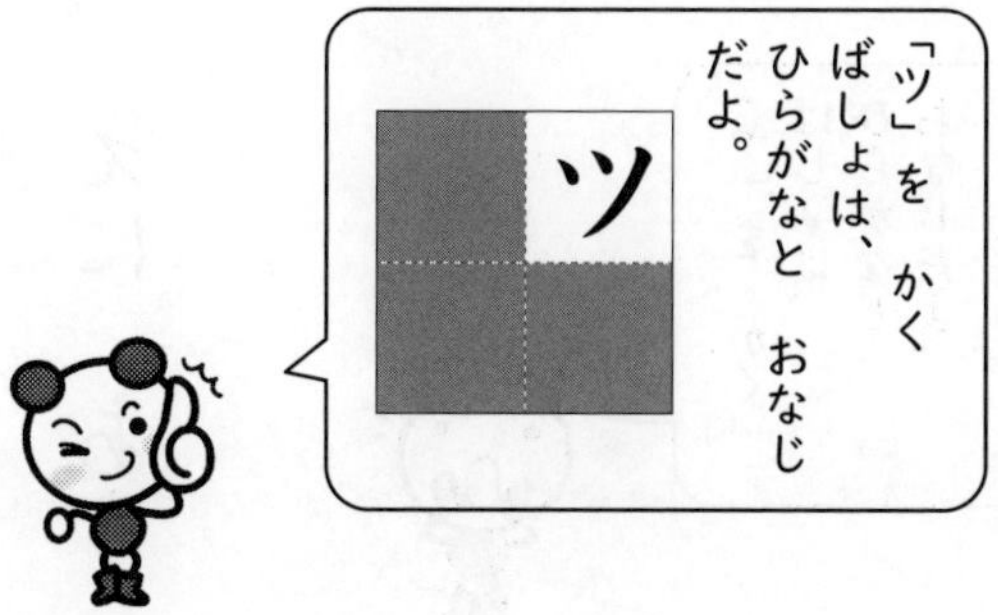

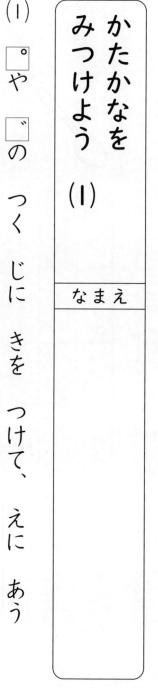

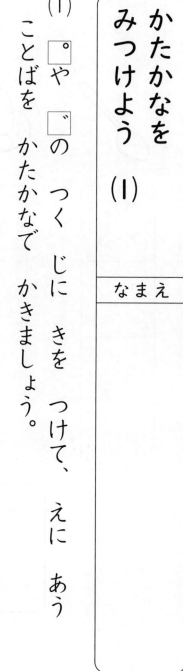

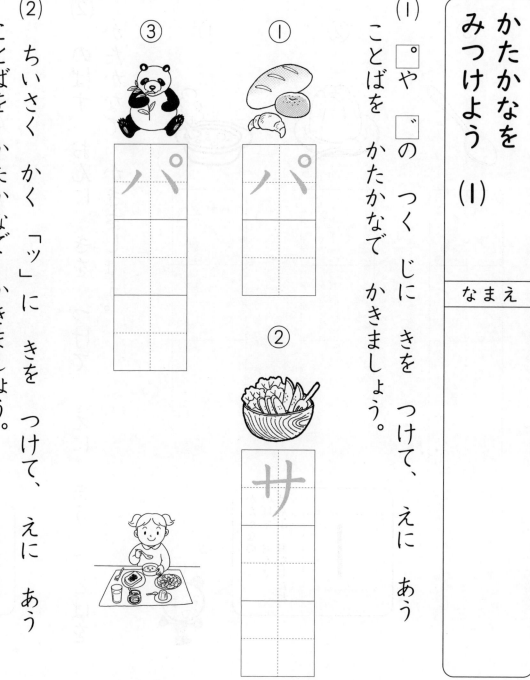

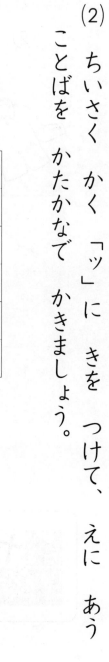

かたかなを みつけよう (2)

なまえ

(1) ちいさく かく 「ャ」に きを つけて、 えに あう ことばを かたかなで かきましょう。

①

ジ

②

シ ツ

「ャ」を かく ばしょは、ひらがなと おなじだよ。
ャ

(2) のばす おんに きを つけて、 えに あう ことばを かたかなで かきましょう。

①

ス

②

ゼ

③

ス

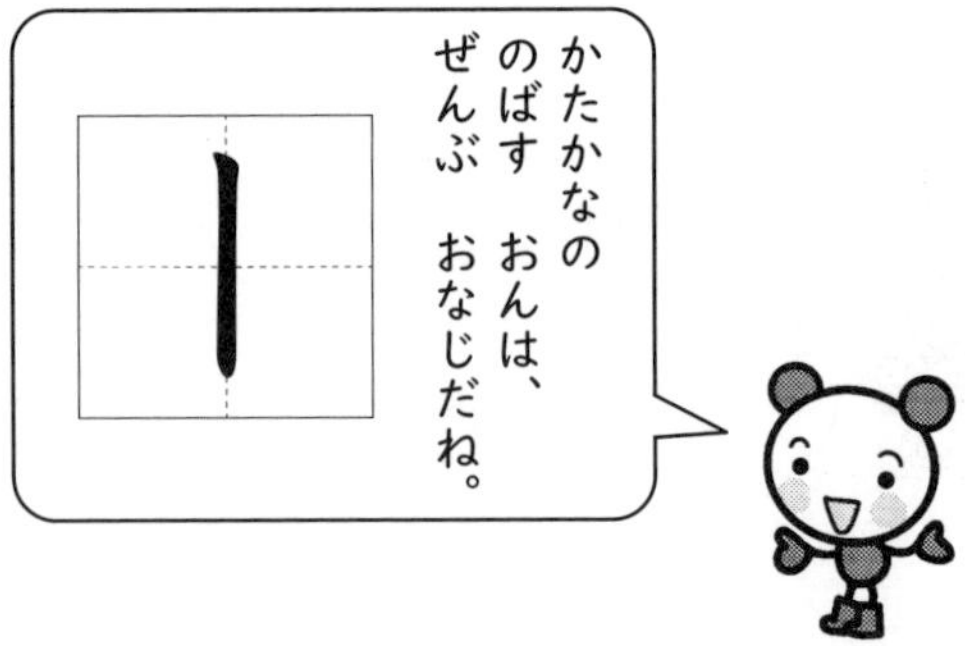
かたかなの のばす おんは、ぜんぶ おなじだね。
ー

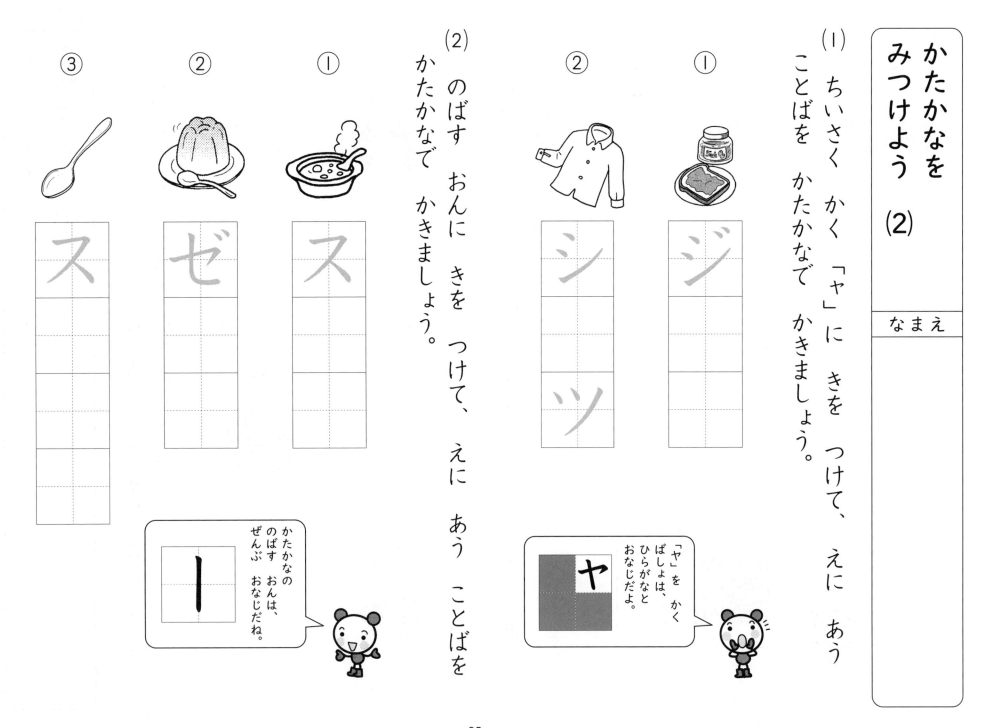

うみの かくれんぼ (1)

なまえ

つぎの ぶんしょうを 2かい よんで こたえましょう。

1

はまぐりが、
すなの なかに
かくれて います。

2

はまぐりは、
大《おお》きくて つよい
あしを もって
います。

3

すなの なかに
あしを のばして、
すばやく もぐって
かくれます。

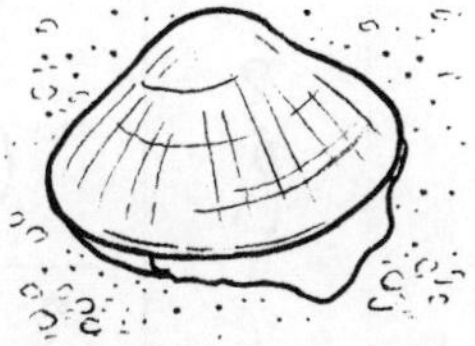

（令和二年度版 光村図書 国語一上 かざぐるま「うみの かくれんぼ」による）

1 はまぐりは、どこに かくれて いますか。

（　　　　）の なか。

2 はまぐりは、どんな あしを もって いますか。○を つけましょう。

（　）大《おお》きくて つよい あし。

（　）小《ちい》さくて つよい あし。

3 はまぐりは、すなの なかに どのように かくれますか。

（　　　　）を のばして、すばやく
（　　　　）
かくれる。

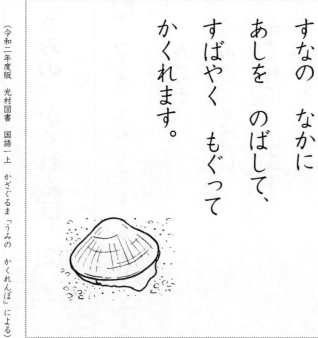

うみの かくれんぼ (2)

なまえ

つぎの ぶんしょうを 2かい よんで こたえましょう。

1

たこが、
うみの そこに
かくれて います。

2

たこは、
からだの いろを
かえる ことが
できます。

3

まわりと おなじ
いろに なって、
じぶんの からだを
かくします。

（令和二年度版 光村図書 国語一上 かざぐるま「うみの かくれんぼ」による）

1 うみの そこに かくれて いるのは、なにですか。

（　　　）

2 たこは、なにを かえる ことが できますか。○を つけましょう。

（　）からだの かたち。

（　）からだの いろ。

（　）からだの 大《おお》きさ。

3 たこは、どのように して、じぶんの からだを かくしますか。

まわりと（　　　）に なって、

（　　　）かくす。

全《ぜん》文《ぶん》読《どっ》解《かい》

うみの かくれんぼ (3)

なまえ

きょうかしょの「うみの かくれんぼ」を よんで、こたえましょう。

(1) つぎの うみの いきものは、どこに かくれて いましたか。——せんで むすびましょう。

① はまぐり 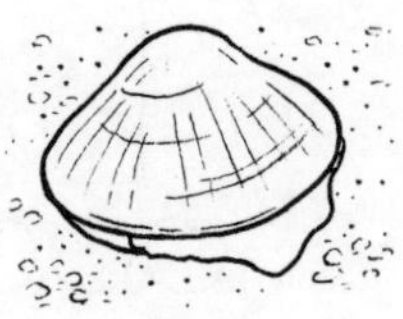 ・　　・ いわの ちかく。

② たこ  ・　　・ すなの なか。

③ もくずしょい  ・　　・ うみの そこ。

(2) つぎの うみの いきものは、どのように かくれて いましたか。——せんで むすびましょう。

① はまぐり ・　　・ かいそうに へんしんする。

② たこ ・　　・ まわりと おなじ いろに なる。

③ もくずしょい ・　　・ すなの なかに もぐる。

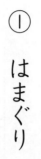

かずと　かんじ　(1)

なまえ

● かんじを　かく　れんしゅうを　しましょう。
（　）に　よみがなを　かきましょう。

①
一
（いち）

②
二

③
三

④
四

⑤
五

⑥
六

⑦
七

⑧
八

⑨
九

⑩
十

かずと かんじ (2)

なまえ

(1) よみがなを かきましょう。

一つ、（ひとっ） 二つ、（　っ） 三つ、（　っ） 四つ、（　っ） 五つ、（　っ）

六つ、（　っ） 七つ、（　っ） 八つ、（　っ） 九つ、（　っ） 十。（　　）

(2) ──せんの かんじの よみがなを かきましょう。

① こいぬが 一ぴき。（いっ）

② こいぬが 二ひき。（　　）

③ こいぬが 三びき。（　　）

④ こいぬが 四ひき。（　　）

⑤ こいぬが 五ひき。（　　）

⑥ こいぬが 六ぴき。（　　）

⑦ こいぬが 七ひき。（　　）

⑧ こいぬが 八ぴき。（　　）

⑨ こいぬが 九ひき。（　　）

⑩ こいぬが 十ぴき。（　　）

かずと かんじ (3)

なまえ

● 〈れい〉と おなじように、 えの かずと かぞえかたを かきましょう。

〈れい〉

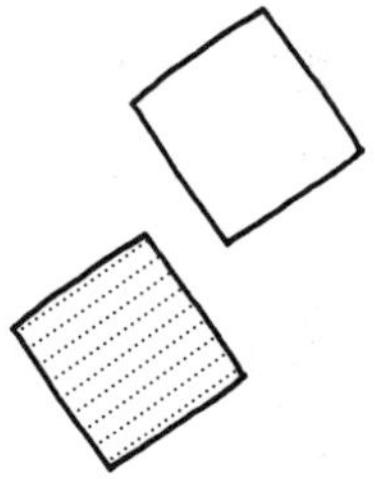

おりがみ

二 （まい）

①

りんご

（　　）

②

ねこ

（　　）

③

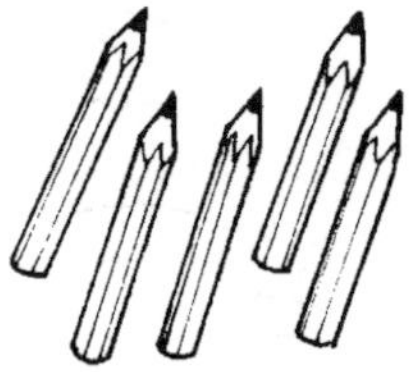

えんぴつ

（　　）

④

えほん

（　　）

⑤

こども

（　　）

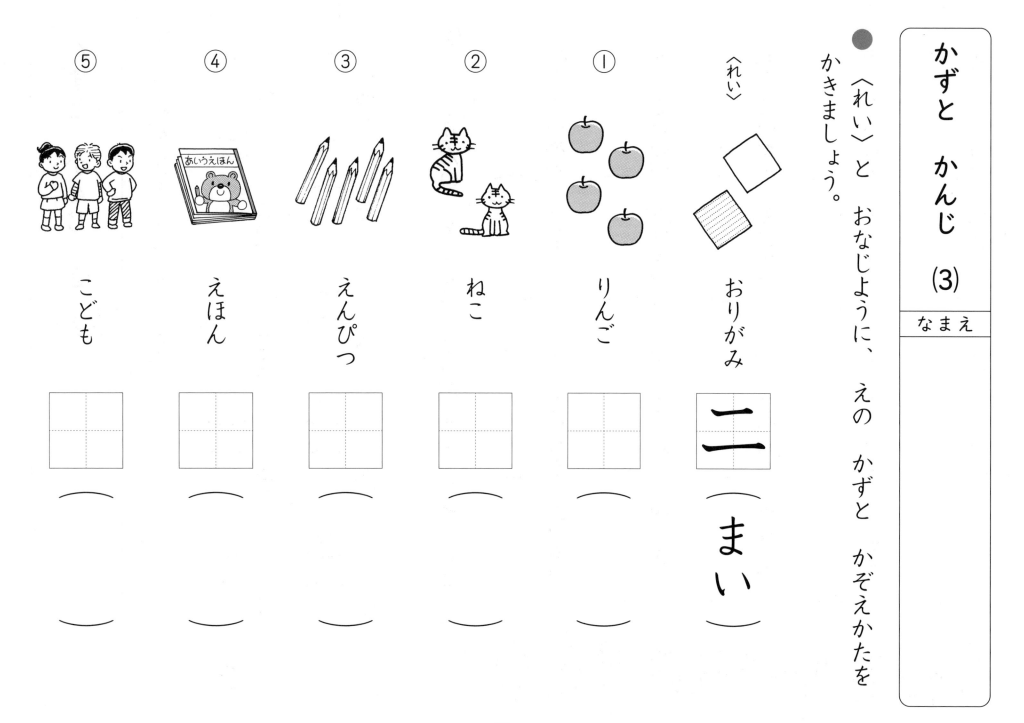

かずと かんじ (4)

なまえ

● 〈れい〉と おなじように、えの かずと かぞえかたを かきましょう。

〈れい〉

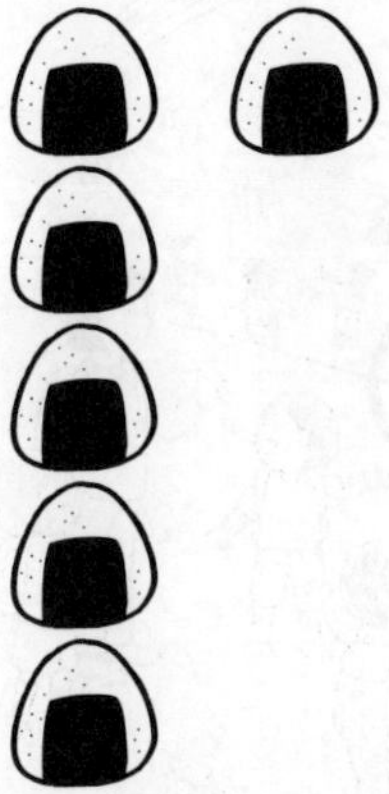

おむすび 六 （こ）

①

とり （わ）

②

はち （　）

③

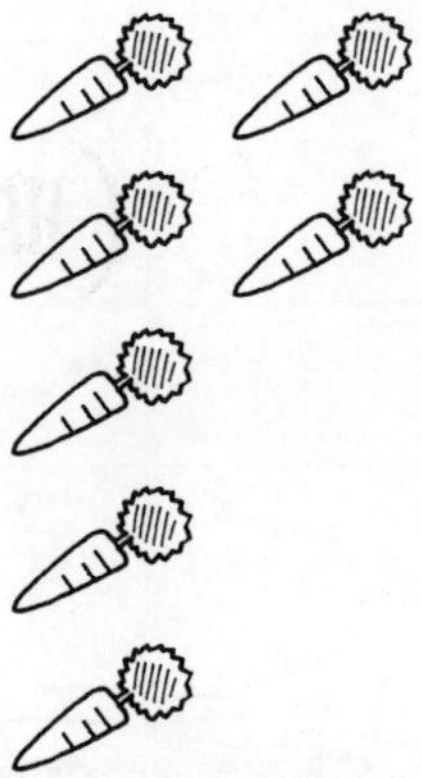

にんじん （　）

④

くるま （　）

⑤

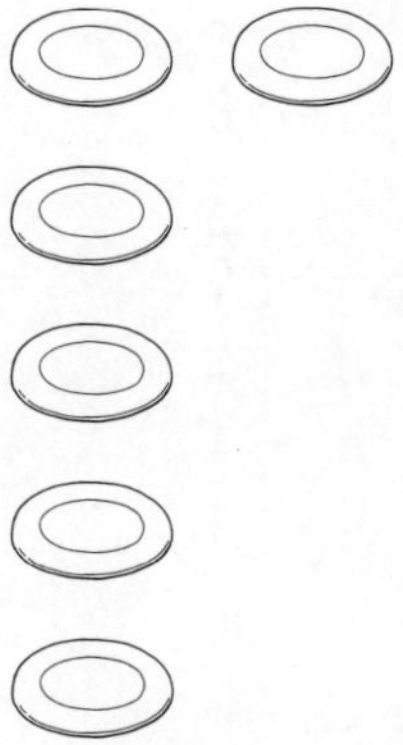

さら （　）

解答例

4頁

①②…の じゅんに ひらがなを なぞりましょう。

あいうえお
かきくけこ
さしすせそ
たちつてと
なにぬねの
はひふへほ
まみむめも
やゆよ
らりるれろ
わをん

（略）

4

5頁

ひらがなを なぞりましょう。

あいうえお
かきくけこ
さしすせそ
たちつてと
なにぬねの
はひふへほ
まみむめも
やゆよ
らりるれろ
わをん

（略）

5

6頁

いい てんき

なまえ

● いい てんき。だれが いるかな。なにが あるかな。
おはなし しよう。

（略）

6

7頁

さあ はじめよう
おはなし たのしいな／あつまって はなそう

なまえ

(1) あなたの すきな おはなしは なんですか。
おはなしの なまえを いってみましょう。

(2) どうぶつの なまえを いいましょう。
すきな どうぶつに ○を つけましょう。

①

（　　）

③

（　　）

⑤

（　　）

②

（　　）

④

（　　）

⑥

（　　）

（略）

7

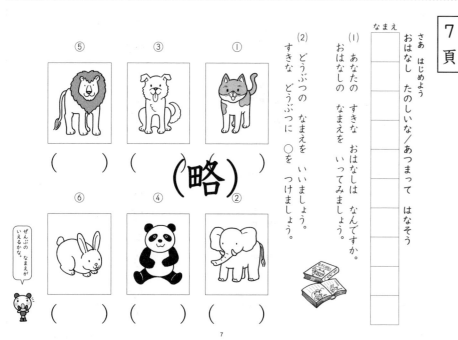

本書の解答は，あくまでもひとつの例です。児童に取り組ませる前に，必ず指導される方が問題を解いてください。指導される方の作られた解答をもとに，児童の多様な考えに寄り添って○つけをお願いします。

8頁

さあ　はじめよう
えんぴつと　なかよし　(1)

なまえ

(1)　えの　ように　して　えんぴつを　もちましょう。

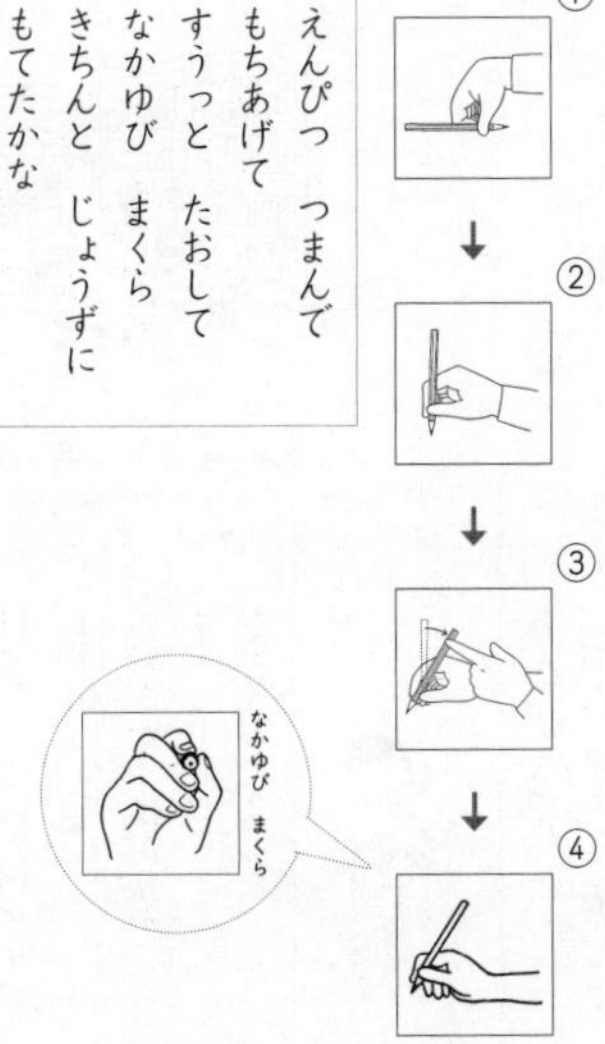

えんぴつ　つまんで
もちあげて
すうっと　たおして
なかゆび　まくら
きちんと　じょうずに
もてたかな

(令和二年度版　光村図書　国語一上　かざぐるま　「えんぴつと　なかよし」による)

(2)　えんぴつを　きちんと　もって　せんを　なぞりましょう。

(略)

8

10頁

さあ　はじめよう
えんぴつと　なかよし　(3)

なまえ

●　せんを　なぞりましょう。

(略)

10

9頁

さあ　はじめよう
えんぴつと　なかよし　(2)

なまえ

(1)　せんせいに　あわせて　いって　みましょう。

あしは　ぺったん
せなかは　ぴん
おなかと　せなかに
ぐう　ひとつ
かみを　おさえて
さあ　かこう

(令和二年度版　光村図書　国語一上　かざぐるま　「えんぴつと　なかよし」による)

(2)　えんぴつを　きちんと　もって　せんを　なぞりましょう。

(略)

9

11頁

さあ　はじめよう
えんぴつと　なかよし　(4)

なまえ

●　せんを　なぞりましょう。

(略)

11

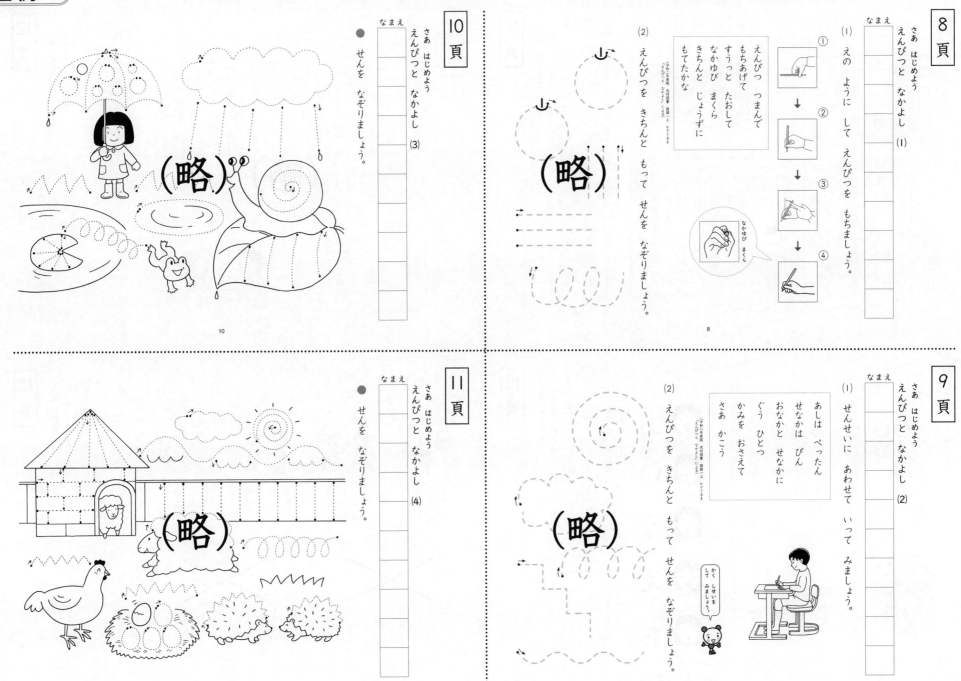

12頁

さあ　はじめよう
どうぞ　よろしく

なまえ

(1)　「いちねん」を　かきましょう。

いちねん

（略）

みぎききの　ひとは　ここに　かきましょう。

ひだりききの　ひとは　ここに　かきましょう。

(2)　あなたの　なまえを　ゆっくり　ていねいに　かきましょう。

13頁

さあ　はじめよう
なんて　いおうかな

なまえ

●　えの　〇の　こどもは　なんて　いって　いるのかな。
?に　あてはまる　ことばを　――せんで　むすびましょう。

① 
ともだちを　あそびに　さそう　とき。

② 
ともだちが　ボール《ぼうる》を　かして　くれた　とき。

③ 
ともだちが　おもい　ものを　はこんで　いる　とき。

④ 
ともだちが　ころんだ　とき。

ありがとう。

いっしょに　あそぼう。

だいじょうぶ?

てつだうよ。

14頁

さあ　はじめよう
こんな　もの　みつけたよ

なまえ

●　ぶんを　よんで，えと　あう　ほうに　○を　つけましょう。

①

(○)としょかんに，おもしろそうな　ほんが　ありました。はやく　よみたいです。

(　)ほけんしつに，おおきな　はかりが　ありました。びっくりしました。

②

(　)おんがくしつに，おおだいこと　こだいこが　ありました。ならして　みたいです。

(○)たいいくかんに，とびばこが　ありました。とんで　みたいです。

15頁

さあ　はじめよう
うたに　あわせて　あいうえお　(1)

なまえ

(1)　くちの　かたちに　きを　つけて「あ　い　う　え　お」と　いいましょう。

あ　い　う　え　お

(2)

①　うたの　なかから　「あ」を　みつけて　○で　かこみましょう。

※
あかるい
あさひだ
あいうえお

②　うたの　なかから　「い」を　みつけて　○で　かこみましょう。

※
い**い**こと
いろ**い**ろ
あ**い**うえお

※（令和二年度版　光村図書　国語一上　かざぐるま「うたに　あわせて　あいうえお」による）

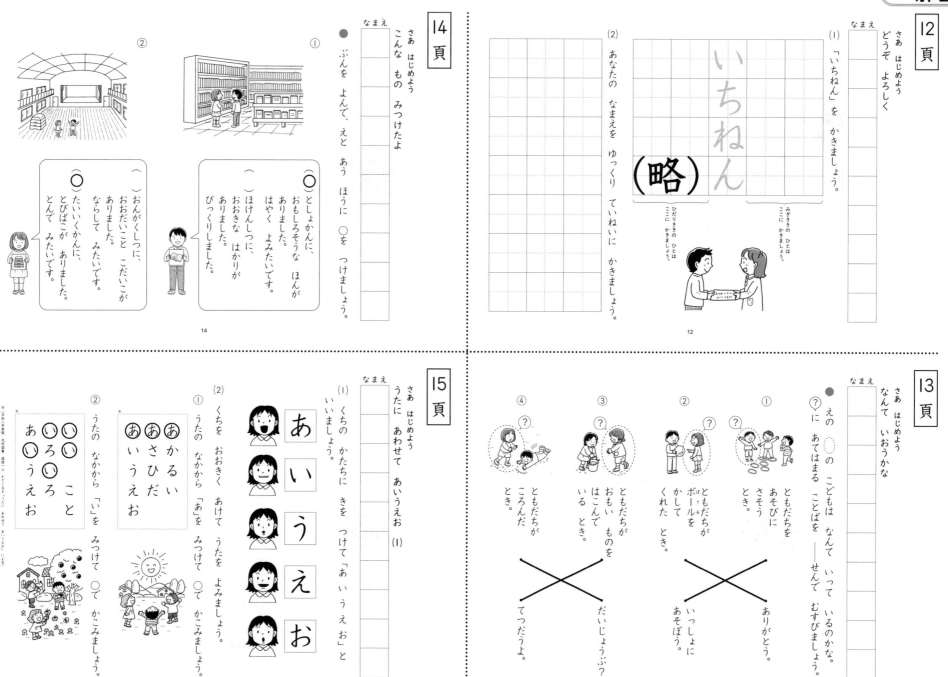

本書の解答は，あくまでもひとつの例です。児童に取り組ませる前に，必ず指導される方が問題を解いてください。指導される方の作られた解答をもとに，児童の多様な考えに寄り添って〇つけをお願いします。

16頁

さあ　はじめよう
うたに　あわせて　あいうえお　(2)

なまえ

● くちを　おおきく　あけて　うたを　よみましょう。

① うたの　なかから　「う」を　みつけて　〇で　かこみましょう。

うたごえ
あいうきき
あいうえお

② うたの　なかから　「え」を　みつけて　〇で　かこみましょう。

えがおで
えんそく
あいうえお

③ うたの　なかから　「お」を　みつけて　〇で　かこみましょう。

おいしい
おむすび
あいうえお

※（令和二年度版　光村図書　国語一上　かざぐるま「うたに　あわせて　あいうえお」による）

16

17頁

さあ　はじめよう
うたに　あわせて　あいうえお　(3)

なまえ

(1) ていねいに　かきましょう。

あいうえお

（略）

みぎききの　ひとは　ここに　かきましょう。

ひだりききの　ひとは　ここに　かきましょう。

(2) ① えに　あう　ことばを　かきましょう。

いえ

（略）

（ひだりきき）（みぎきき）

②

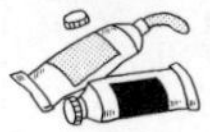

あお

（ひだりきき）（みぎきき）

17

18頁

さあ　はじめよう
うたに　あわせて　あいうえお　(4)

なまえ

● えに　あう　ことばを　かきましょう。
できた　ことばを　よみましょう。

①  あり

②  あめ

③  いと

④  いす

⑤  うし

⑥  うま

⑦  えき

⑧  えほん

⑨  おに

⑩  おやつ

18

19頁

つづけよう①　こえに　だして　よもう

あさの　おひさま

なまえ

つぎの　しを　2かい　よんで　こたえましょう。

あさの　おひさま
おおきいな
のっこり　うみから
おきだした
あさの　おひさま
あかい　かお
ざぶんと　うみで
あらったよ

（令和二年度版　光村図書　国語一上　かざぐるま　かんざわ　としこ）

(1) あさの　おひさまは　どこから　おきだしましたか。

うみ

(2) あさの　おひさまの　ようすに　あう　ほうに　〇を　つけましょう。

① あさの　おひさまは
(〇)おおきい
(　)ちいさい

② あさの　おひさまは
(　)あおい　かお
(〇)あかい　かお

(3) あさの　おひさまは　どのように　かおを　あらいましたか。〇を　つけましょう。
(　)のっこり　あらった。
(〇)ざぶんと　あらった。

19

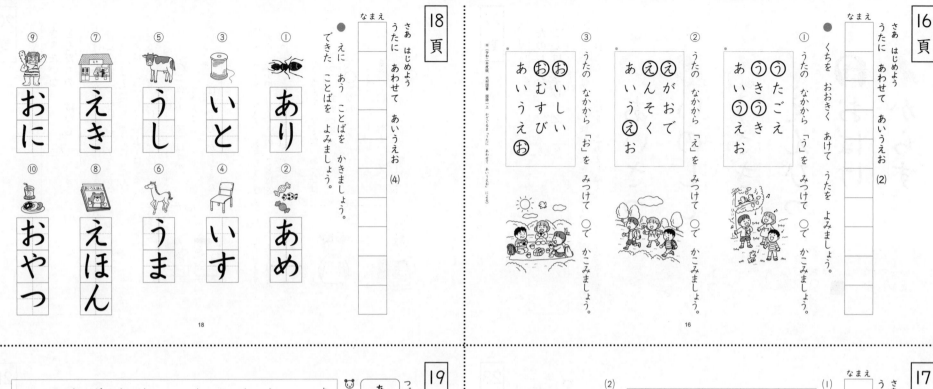

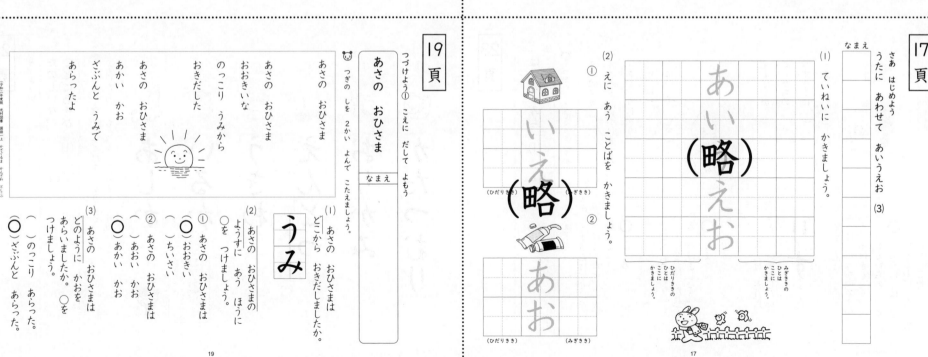

20頁

つづけよう①

ききたいな、ともだちの はなし

なまえ

(1) けんたさんが ひなさんに すきな あそびを きくと、ひなさんは「てつぼうが すき。」と こたえました。けんたさんは、ひなさんに なんと いえば よいでしょう。あてはまる ほうに ○を つけましょう。

(○)ぼくも てつぼうが、すきだよ。
(　)ぼくも むしが すきだ。

てつぼうが すき。
ひなさん
けんたさん

(2) りくさんの すきな あそびを みんなに しらせます。えの なかの りくさんの ことばを よんで、あてはまる ほうに ○を つけましょう。

りくさんが すきな あそびは、
(　)あやとり
(○)なわとび
です。
こんど、いっしょに あそびたいと おもいます。

ぼくは、なわとびが すきだよ。
りくさん

21頁

つづけよう①

たのしいな、ことばあそび (1)

なまえ

● えを みて ことばを かきましょう。かけたら ことばを よみましょう。

①  あしか
②  いるか
③  うきわ
④  えんとつ
⑤ 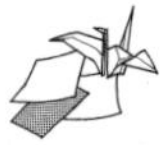 おりがみ
⑥  かたつむり

はじめの □に「あ・い・う・え・お・か」の どれか ひとつを かくと ことばが できるね。

22頁

つづけよう①

たのしいな、ことばあそび (2)

なまえ

(1) えを みて ことばを かきましょう。かけたら ことばを よみましょう。

①  あいさつ
②  いのしし
③  うさぎ
④  えんぴつ
⑤  おばけ
⑥  からす

(2) えを みて なまえを いいましょう。

①  あ・○・○
②  い・○・○
③  う・○・○
④  お・○・○・○
⑤  か・○・○

23頁

はなの みち (1)

なまえ

つぎの ぶんしょうを 2かい よんで こたえましょう。

1
くまさんが、ふくろを みつけました。
「おや、なにかな。いっぱい はいって いる。」

2
くまさんが、ともだちの りすさんに、ききに いきました。

(令和二年度版 光村図書 国語一上 かざぐるま おか のぶこ)

1
(1) くまさんは、なにを みつけましたか。○を つけましょう。
(○)ふくろ
(　)はな

(2)「おや、なにかな。」と いっているのは、だれですか。○を つけましょう。
(○)くまさん
(　)りすさん

2
(1) くまさんは、だれに ききに いきましたか。
りす さん

(2) くまさんは なにを ききに いったのですか。○を つけましょう。
(　)ともだちの こと。
(○)ふくろに はいって いるものは なにかと いう こと。

本書の解答は，あくまでもひとつの例です。児童に取り組ませる前に，必ず指導される方が問題を解いてください。指導される方の作られた解答をもとに，児童の多様な考えに寄り添って○つけをお願いします。

24頁

はなの　みち　(2)

なまえ

つぎの　ぶんしょうを　2かい　よんで　こたえましょう。

1

くまさんが、
ふくろを　あけました。
なにも　ありません。
「しまった。
あなが　あいて　いた。」

2

あたたかい　かぜが
ふきはじめました。
ながい　ながい、
はなの
いっぽんみちが
できました。

（令和二年度版　光村図書　国語一上　かざぐるま　おか　のぶこ）

1 (1) ふくろを　あけたのは　だれですか。○を　つけましょう。

(○)くまさん
(　)りすさん

(2) ふくろを　あけた　とき　なにも　なかったのは　なぜですか。

ふくろに　あな　が　あいて　いたから。

2 (1) どのような　かぜが　ふきはじめましたか。○を　つけましょう。

(　)つめたい　かぜ。
(○)あたたかい　かぜ。

(2) はなの　いっぽんみちが　できたのは、なにが　たくさん　ふくろに　はいって　いたからだと　おもいますか。○を　つけましょう。

(○)はなの　たね。
(　)はなの　え。

25頁

としょかんへ　いこう

なまえ

きょうかしょの「としょかんへ　いこう」を　よんで、こたえましょう。

(1) としょかんに　ついて　ただしい　もの　ふたつに　○を　つけましょう。

(○)ほんを　たのしむ　ことが　できる　ところ。
(　)ほんを　かう　ことが　できる　ところ。
(○)たくさんの　ほんが　おいて　ある　ところ。
(　)えほんは　おいてない。

(2) としょかんでは　どのように　すると　よいでしょう。ただしい　ほうの　ことばに　○を　つけましょう。

① よみおわった　ほんは　{ちかく／(もと)}の　たなに　もどす。

② {(みんな)／じぶん}の　ほんだから　ていねいに　めくる。

26頁

「゛」の　つく　ことば　(1)

かきと　かぎ

なまえ

(1) えを　みて　ただしい　かきかたの　ほうに　○を　つけましょう。

①  (　)まと　(○)まど

②  (　)かき　(○)かぎ

③  (○)げんかん　(　)けんかん

④  (　)ほんたな　(○)ほんだな

ふたつの　ことばを　こえに　だして　よんでみよう。

(2) えに　あう　なまえを　なぞりましょう。

①  いちご

②  ぶどう

「゛」は　その　もじの　さいごに　つけるよ。「゛」を　つける　ばしょに　きを　つけよう。

27頁

「゛」の　つく　ことば　(2)

かきと　かぎ

なまえ

(1) 「゛」を　つけると　どんな　ことばに　なりますか。えを　みて　なまえを　かきましょう。

①  さる → ざる

②  こま → ごま

③  ふた → ぶた

④  かき → かぎ

①～④の　ふたつの　ことばを　こえに　だして　よんでみよう。

(2) えを　みて　なまえを　かきましょう。

①  やぎ

②  だんご

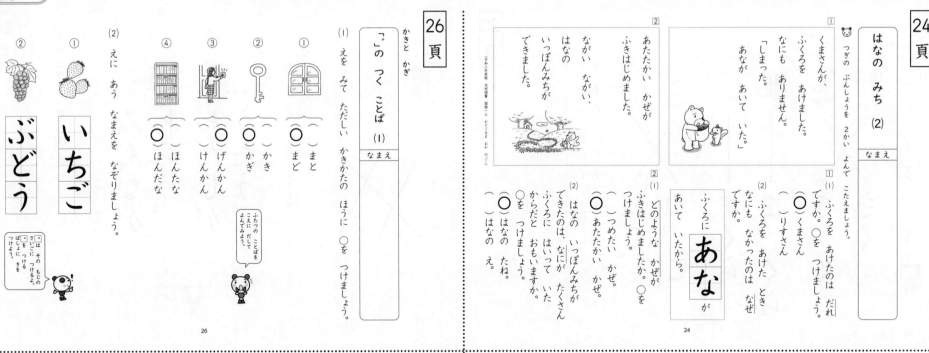

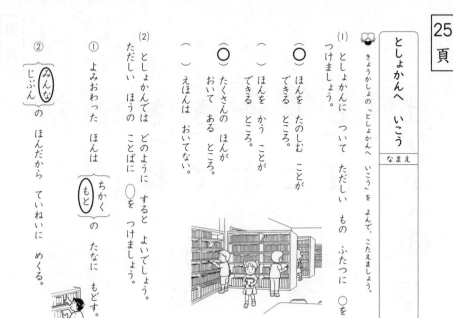

解答例

28頁

ぶんを つくろう

くっつきの「が」(1)

なまえ

(1) えを みて 「□が □。」の ぶんを なぞりましょう。

①

みんながわらう。

②

わたしがうたう。

ぶんの おわりには、
まる□゜を つけます。

(2) うえと したを ――せんで むすんで、えに あう ぶんを つくりましょう。

① ねこが ― ねる。
② とりが ― とぶ。
③ はなが ― さく。

29頁

ぶんを つくろう

くっつきの「が」(2)

なまえ

● えを みて 「□が □。」の ぶんを つくりましょう。

くま
ねる
うま
はしる
こま
まわる
さる
うたう
おに
わらう

① くまがねる。
② うまがはしる。
③ こまがまわる。
④ さるがうたう。
⑤ おにがわらう。

ぶんの おわりには、
まる□゜を つけるよ。

30頁

ねこと ねっこ

ちいさい「っ」(1)

なまえ

● えと ことばを よんで ひらがなを ――せんで むすびましょう。ことばを なぞりましょう。

① ねこ　ねっこ
② まくら　まっくら
③ きっく　きく

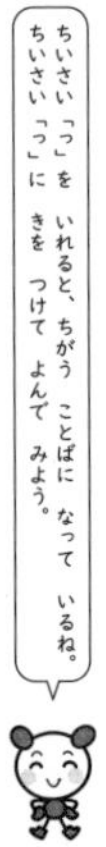
ちいさい「っ」を いれると、ちがう ことばに なって いるね。
ちいさい「っ」に きを つけて よんで みよう。

31頁

ねこと ねっこ

ちいさい「っ」(2)

なまえ

● えを みて なまえを かきましょう。かけたら こえに だして よみましょう。

① きつね
② きって
③ きっぷ
④ らっこ
⑤ しっぽ

はらっぱ

あいて いる
□には、□つか □っを
いれよう。

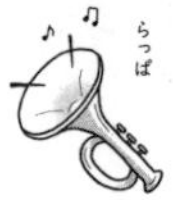
らっぱ

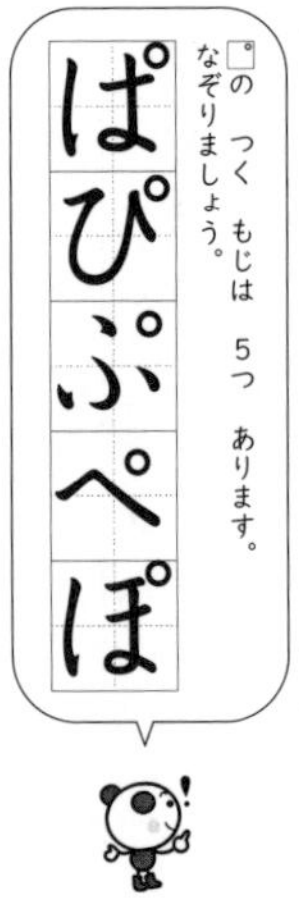
□゜の つく もじは 5つ あります。
なぞりましょう。
ぱぴぷぺぽ

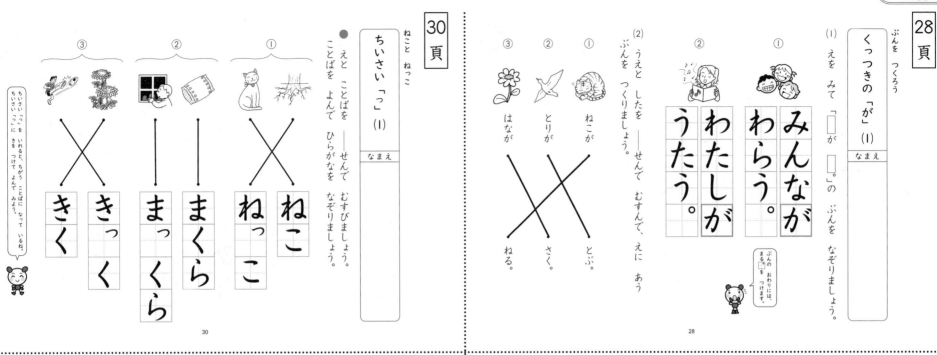

本書の解答は，あくまでもひとつの例です。児童に取り組ませる前に，必ず指導される方が問題を解いてください。指導される方の作られた解答をもとに，児童の多様な考えに寄り添って○つけをお願いします。

32頁

ねこと ねっこ

くっつきの「は」(1)

なまえ

● えに あう ぶんを つくりましょう。かけたら こえに だして よみましょう。

①
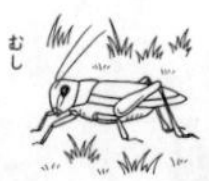

ばった
むし

ばったは、むしです。

くっつきの「は」は、「わ」と よみます。

②

らっぱ
がっき

らっぱは、がっきです。

③

らっこ
どうぶつ

らっこは、どうぶつです。

てん「、」や まる「。」を わすれずに つけよう。

33頁

ねこと ねっこ

くっつきの「は」(2)

なまえ

● えに あう ぶんを つくりましょう。かけたら こえに だして よみましょう。

①

あり
ちいさい

ありは、ちいさい。

②

はなび
きれい

はなびは、きれい。

③

ほし
ひかる

ほしは、ひかる。

④

うさぎ
はねる

うさぎは、はねる。

かけたら くっつきの「は」を ○で かこんで みよう。

34頁

わけを はなそう

なまえ

● えを みて きもちと その わけを かきましょう。かけたら こえに だして よみましょう。

①

うれしい
あさがお

わたしは、うれしいです。

どうしてかと いうと、あさがおの めが でたからです。

②

いたい
いし

わたしは、いたいです。

どうしてかと いうと、いしに つまずいて ころんだからです。

わけを はなす ときは、「○○したからです。」の ように、「から」と いう ことばを つかおう。

35頁

おばさんと おばあさん

のばす おん (1)

なまえ

(1) えを みて ことばを なぞりましょう。かけたら ことばを こえに だして よみましょう。

①

おばさん

②

おばあさん

③

おじさん

④

おじいさん

(2) ただしい かきかたの ほうに ○を つけましょう。

①

（　）ほき
（○）ほうき

②

（○）たいそう
（　）たいそお

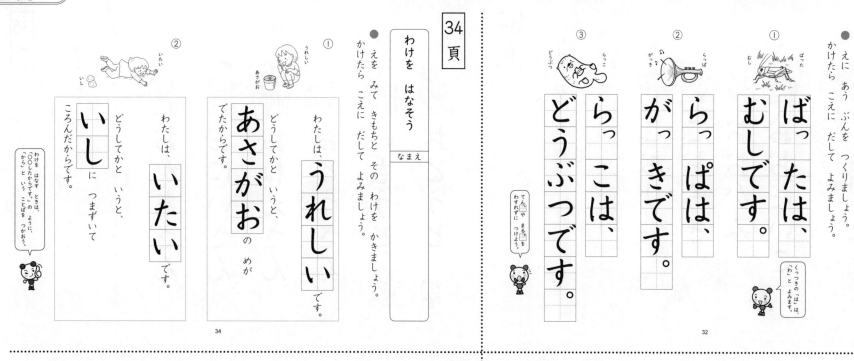

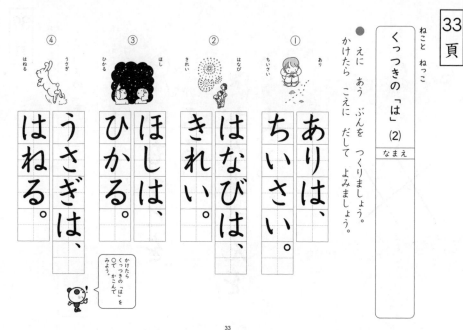

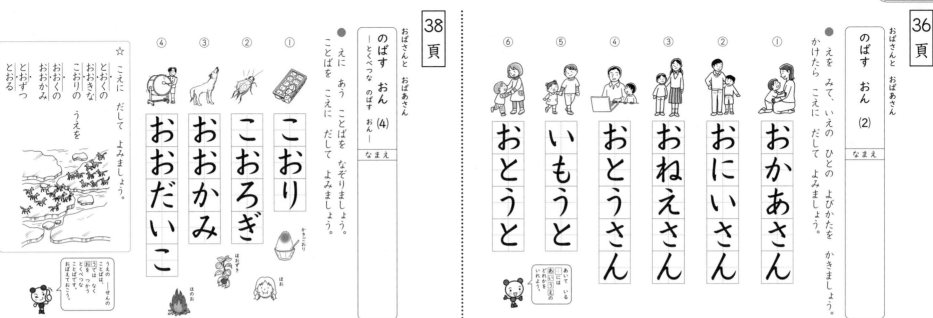

36 頁

おばさんと　おばあさん

のばす　おん　(2)

なまえ

● えを　みて、いえの　ひとの　よびかたを　かきましょう。かけたら　こえに　だして　よみましょう。

① おかあさん
② おにいさん
③ おねえさん
④ おとうさん
⑤ いもうと
⑥ おとうと

あいて　いる □には あ い う え の どれかを いれよう。

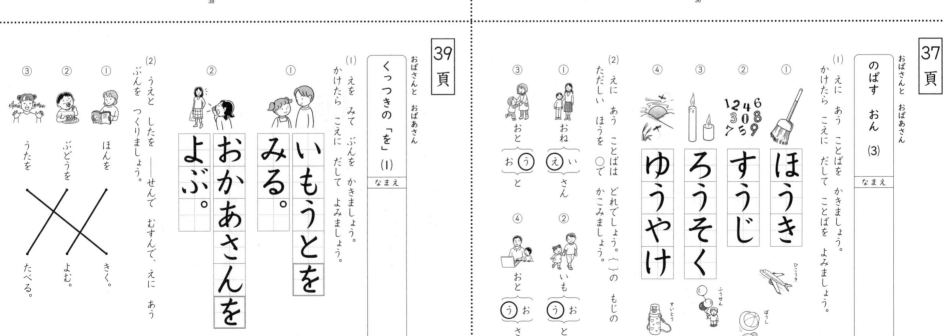

37 頁

おばさんと　おばあさん

のばす　おん　(3)

なまえ

(1) えに　あう　ことばを　かきましょう。かけたら　こえに　だして　ことばを　よみましょう。

① ほうき
② すうじ
③ ろうそく
④ ゆうやけ

ひこうき　ふうせん　ぼうし　すいとう

(2) えに　あう　ことばは　どれでしょう。ただしい　ほうを　○で　かこみましょう。{　}の　もじの

① おね{(え)・い}さん
② いも{(う)・お}と
③ お{お・(う)}と
④ おと{(う)・お}さん

38 頁

おばさんと　おばあさん

のばす　おん　(4)
―とくべつな　のばす　おん―

なまえ

● えに　あう　ことばを　なぞりましょう。ことばを　こえに　だして　よみましょう。

① こおり
② こおろぎ
③ おおかみ
④ おおだいこ

かきごおり　ほおずき　ほお　ほのお

☆ こえに　だして　よみましょう。

とおくの
おおきな
こおりの　うえを
おおくの
おおかみ
とおずつ
とおる

うえの ――せんの ことばは、うでは なく おを つかう とくべつな ことばです。おぼえておこう。

39 頁

おばさんと　おばあさん

くっつきの「を」(1)

なまえ

(1) えを　みて　ぶんを　かきましょう。かけたら　こえに　だして　よみましょう。

① いもうとを　みる。
② おかあさんを　よぶ。

(2) うえと　したを　――せんで　むすんで、えに　あう　ぶんを　つくりましょう。

① ほんを　―　よむ。
② ぶどうを　―　たべる。
③ うたを　―　きく。

本書の解答は，あくまでもひとつの例です。児童に取り組ませる前に，必ず指導される方が問題を解いてください。指導される方の作られた解答をもとに，児童の多様な考えに寄り添って○つけをお願いします。

40頁

おばさんと　おばあさん

くっつきの「を」(2)

なまえ

● えを　みて　ぶんを　つくりましょう。
かけたら　こえに　だして　よみましょう。

① くつ　はく
くつをはく。

② おかし　かう
おかしをかう。

③ さかな　つる
さかなをつる。

④ えいが　みる
えいがをみる。

⑤ かきごおり　たべる
かきごおりをたべる。

かけたら　くっつきの「を」を　○で　かこんで　みよう。

40

41頁

くちばし (1)

なまえ

つぎの　ぶんしょうを　2かい　よみ、えを　みて　こたえましょう。

1
ふとくて、
さきが　まがった
くちばしです。
これは、なんの
くちばしでしょう。

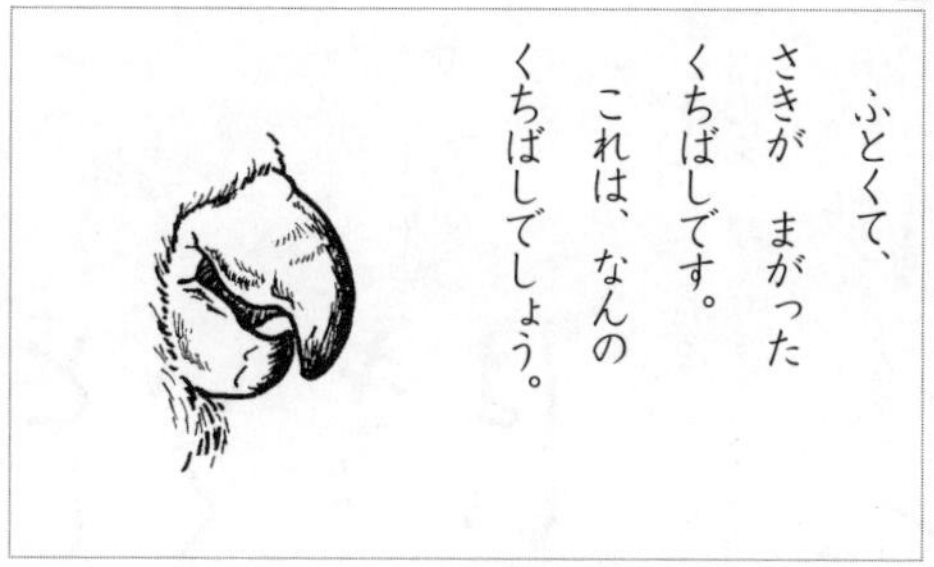

2
これは、おうむの
くちばしです。

（令和二年度版　光村図書　国語一上　かざぐるま　むらた　こういち）

1 (1) どんな　くちばしですか。

ふとくて、
さきが
まがった
くちばし。

(2) たずねて　いる　ぶんに
○を　つけましょう。

( ) ふとくて、さきが
まがった　くちばしです。

(○) これは、なんの
くちばしでしょう。

2 なんの　くちばしですか。

おうむ

41

42頁

くちばし (2)

なまえ

つぎの　ぶんしょうを　2かい　よみ、えを　みて　こたえましょう。

1
おうむは、まがった
くちばしの　さきで、
かたい　たねの
からを　わります。

2
そして、なかの　みを
たべます。

（令和二年度版　光村図書　国語一上　かざぐるま　むらた　こういち）

1 (1) おうむの　くちばしの
さきは、どのような
かたちを　して　いますか。
○を　つけましょう。

( ) まっすぐな　かたち。

(○) まがった　かたち。

(2) おうむは、くちばしの
さきで　なにを　わりますか。

かたい　たねの
から。

2 おうむは、なにを　たべますか。
ひとつに　○を　つけましょう。

( ) かたい　たね。

( ) かたい　たねの　から。

(○) たねの　なかの　み。

42

43頁

おもちゃと　おもちゃ

ちいさい「や・ゆ・よ」(1)

なまえ

(1) えを　みて　ただしい　かきかたの　ほうに　○を
つけましょう。

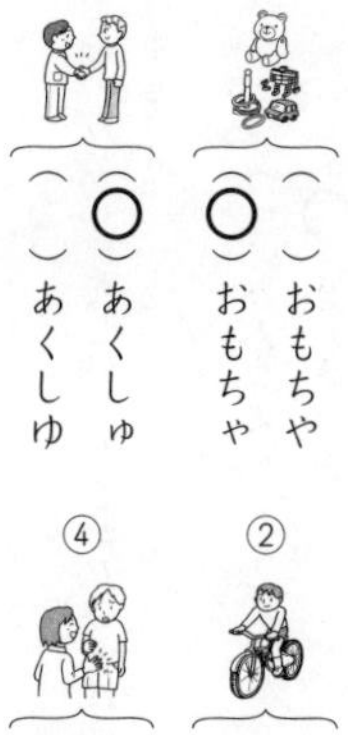

① ( ) おもちや
(○) おもちゃ

② (○) じてんしゃ
( ) じてんしや

③ (○) あくしゅ
( ) あくしゆ

④ ( ) じやんけん
(○) じゃんけん

(2) えに　あう　ことばを　なぞりましょう。
かけたら　こえに　だして　ことばを　よみましょう。

① でんしゃ

② はくしゅ

③ としょかん

④ しゃぼんだま

ちいさい「や・ゆ・よ」を　かく　ばしょに　きを　つけよう。

43

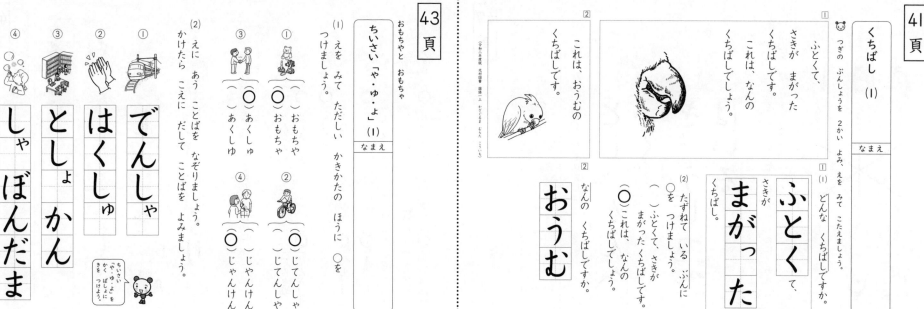

44頁

おもちゃと　おもちゃ

ちいさい「ゃ・ゅ・ょ」(2)

なまえ

● えを　みて　ことばを　かきましょう。
かけたら　こえに　だして　ことばを　よみましょう。

①  きゅうり

②  きょうしつ

③  びょういん

④ 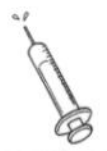 ちゅうしゃ

⑤  ぎゅうにゅう

⑥  しょうぼうしゃ

どの　ことばにも　ちいさい「ゃ・ゅ・ょ」と　のばす　おんの「う」が　あるね。

45頁

おもちゃと　おもちゃ

ちいさい「ゃ・ゅ・ょ」(3)

なまえ

(1) えを　みて　ことばを　かきましょう。
かけたら　こえに　だして　ことばを　よみましょう。

①  しょっき

②  しゃっくり

(2) えを　みて　ただしい　かきかたの　ほうに　○を　つけましょう。

① 
(　)きんぎよ
(○)きんぎょ

② 
(　)にんぎょ
(○)にんぎょう

③ 
(○)かぼちゃ
(　)かぼち

④ 
(　)くざく
(○)くじゃく

⑤ 
(○)じょうろ
(　)じうろ

⑥ 
(○)きゅうしょく
(　)きうしょく

⑦ 
(　)じうえん
(○)じゅうえん

⑧ 
(　)しっぱつ
(○)しゅっぱつ

46頁

おもちゃと　おもちゃ

ちいさい「ゃ・ゅ・ょ」(4)

なまえ

● つぎの　ことばを　ただしく　かきなおしましょう。
かけたら　こえに　だして　よみましょう。

① じやんけん　　じゃんけん

② あくしゆ　　あくしゅ

③ にんぎよう　　にんぎょう

④ しよつき　　しょっき

⑤ じてんしや　　じてんしゃ

⑥ きゆうしよく　　きゅうしょく

47頁

おもちゃと　おもちゃ

くっつきの「へ」(1)

なまえ

(1) えを　みて　ぶんを　なぞりましょう。

① 

としょかんへ　いく。

②  きょうしつへ　はいる。

(2) うえと　したを　――せんで　むすんで、えに　あう　ぶんを　つくりましょう。

①  みぎへ　―　まがる。

②  そとへ　―　でる。

③  まえへ　―　すすむ。

くっつきの「へ」は「え」と　よみます。

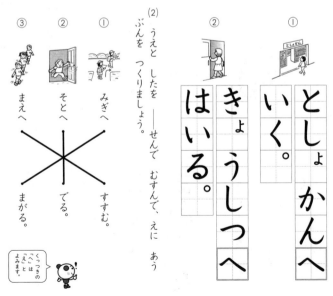

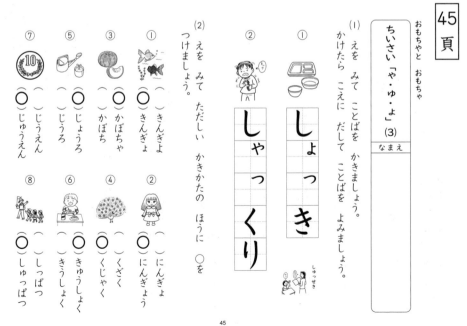

本書の解答は，あくまでもひとつの例です。児童に取り組ませる前に，必ず指導される方が問題を解いてください。指導される方の作られた解答をもとに，児童の多様な考えに寄り添って○つけをお願いします。

48頁

おもちゃと おもちゃ

くっつきの「へ」(2)

なまえ

● えを みて ぶんを つくりましょう。かけたら こえに だして よみましょう。

① 

えき
いく

えきへいく。

② 

へや
もどる

へやへもどる。

③ 

いえ
かえる

いえへかえる。

④ 

びょういん
むかう

びょういんへむかう。

⑤ 

ぼくじょう
いく

ぼくじょうへいく。

かけたら くっつきの「へ」を ○で かこんで みよう。

49頁

あいうえおで あそぼう (1)

なまえ

(1) うえの ひょうを たて(↓)や よこ(←)に よみましょう。

ん	わ	ら	や	ま	は	な	た	さ	か	あ
	(い)	り	(い)	み	ひ	に	ち	し	き	い
	(う)	る	ゆ	む	ふ	ぬ	つ	す	く	う
	(え)	れ	(え)	め	へ	ね	て	せ	け	え
	を	ろ	よ	も	ほ	の	と	そ	こ	お

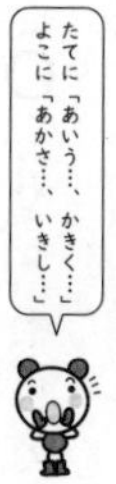

たてに「あいう…、かきく…」
よこに「あかさ…、いきし…」

(2) えに あう ことばを かいて しりとりを しましょう。

めだか → かに → にわとり → りす → すずめ

50頁

あいうえおで あそぼう (2)

なまえ

※ みぎききの ひとは みぎの ますに、ひだりききの ひとは ひだりの ますに かきましょう。

あいうえお かきくけこ さしすせそ たちつてと なにぬねの

(略)

(1) うえの ひょうに ひらがなを かきましょう。

(2) ことばを つないで しりとりを しましょう。

いし → しか → かさ → さかな → なし

51頁

あいうえおで あそぼう (3)

なまえ

※ みぎききの ひとは みぎの ますに、ひだりききの ひとは ひだりの ますに かきましょう。

はひふへほ まみむめも や(い)ゆ(え)よ らりるれろ わ(い)(う)(え)を ん

(略)

(1) うえの ひょうに ひらがなを かきましょう。

(2) ことばを つないで しりとりを しましょう。

りんご → ごま → まめ → めがね → ねずみ

ごま

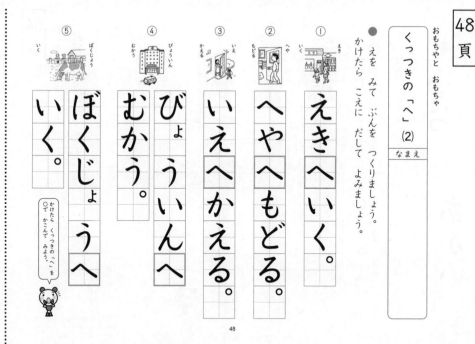

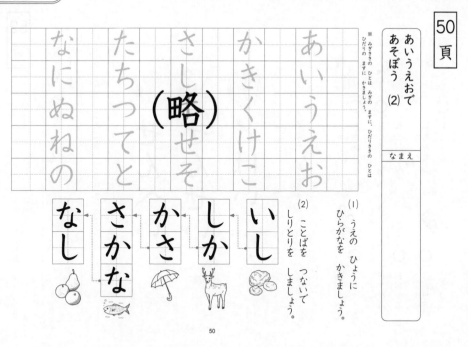

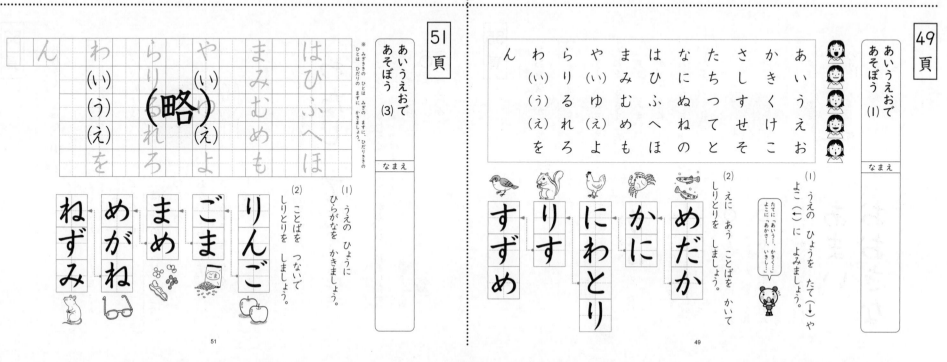

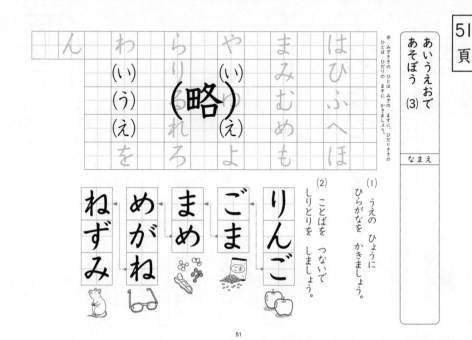

52頁

あいうえおで あそぼう（のばす おん） (4)

なまえ

(1) えを みて ことばを なぞりましょう。かけたら こえに だして ことばを よみましょう。

①  せんべい

②  せんせい

③  とけい

(2) えを みて ただしい かきかたの ほうに ○を つけましょう。

①  （ ）おかさん （○）おかあさん

②  （ ）おねいさん （○）おねえさん

③  （○）おとうさん （ ）おとおさん

④  （ ）おうかみ （○）おおかみ

⑤  （ ）おとおと （○）おとうと

⑥  （○）こおり （ ）こうり

53頁

おおきく なった (1)

なまえ

あさがおの かんさつで わかった ことを カード《かぁど》に かきました。つぎの カード《かぁど》の ぶんしょうを よんで こたえましょう。

5がつ29にち

はっぱが おおきく なった

とみた りか

はっぱの おおきさは、わたしの てと おなじくらいです。さわると、ちくちく します。

（令和二年度版 光村図書 国語一上 かざぐるま「おおきく なった」による）

(1) はっぱの おおきさは、どのくらいですか。

わたし の て と おなじくらいです。

(2) はっぱを さわると、どんな かんじが しましたか。ひとつに ○を つけましょう。

（ ）ざらざら

（○）ちくちく

（ ）つるつる

54頁

おおきく なった (2)

なまえ

つぎの カード《かぁど》を みて こたえましょう。

6がつ29にち

つぼみが できた

きくち たくや

かず ふたつ。

かたち とがって いる。

いろ さきが すこし あかい。

（令和二年度版 光村図書 国語一上 かざぐるま「おおきく なった」による）

(1) あさがおの つぼみの なにに ついて かいて いますか。○を みっつ つけましょう。

（○）いろ （○）かたち

（ ）におい （ ）おおきさ

（○）かず （ ）おもさ

(2) つぼみの かずは いくつですか。

ふたつ

(3) つぼみは どんな かたちですか。ひとつに ○を つけましょう。

（ ）ほそい。

（○）とがって いる。

（ ）さきが まるい。

(4) つぼみの いろは どんな いろですか。

さきが すこし あかい。

55頁

おおきな かぶ (1)

なまえ

つぎの ぶんしょうを 2かい よんで こたえましょう。

1

おじいさんが、かぶの たねを まきました。

「あまい あまい かぶに なれ。おおきな おおきな かぶに なれ。」

2

あまい あまい、おおきな おおきな かぶに なりました。

（令和二年度版 光村図書 国語一上 かざぐるま ロシアの民話 さいごう たけひこ やく）

1

(1) おじいさんは、なにを まきましたか。

かぶ の たね。

(2) おじいさんは、たねを まく とき、なんと いいましたか。ふたつに ○を つけましょう。

（○）あまい かぶに なれ。

（ ）ふとい かぶに なれ。

（○）おおきな かぶに なれ。

2

どんな かぶに なりましたか。

あまい、おおきな かぶ。

解答例

本書の解答は，あくまでもひとつの例です。児童に取り組ませる前に，必ず指導される方が問題を解いてください。指導される方の作られた解答をもとに，児童の多様な考えに寄り添って○つけをお願いします。

56頁

おおきな　かぶ　(2)　なまえ

つぎの　ぶんしょうを　2かい　よんで　こたえましょう。

1

おじいさんは、かぶを
ぬこうと　しました。
「うんとこしょ、
どっこいしょ。」

2

けれども、かぶは
ぬけません。

1 (1) だれが、かぶを　ぬこうと　しましたか。

おじいさん

(2) なんと　いって　かぶを　ぬこうと　しましたか。ひとつに　○を　つけましょう。

( )うんとこ、どっこい。
( )うんとこしよ、どっこいしよ。
(○)うんとこしょ、どっこいしょ。

2 かぶは　どう　なりましたか。ひとつに　○を　つけましょう。

(○)かぶは　ぬけません。
( )かぶは　ぬけました。
( )かぶは　おおきく　なりました。

（令和二年度版　光村図書　国語一上　かざぐるま　ロシアの民話　さいごう　たけひこ　やく）

56

57頁

おおきな　かぶ　(3)　なまえ

つぎの　ぶんしょうを　2かい　よんで　こたえましょう。

1

おじいさんは、
おばあさんを　よんで
きました。

2

かぶを
おじいさんが
ひっぱって、
おじいさんを
おばあさんが
ひっぱって、
「うんとこしょ、
どっこいしょ。」
それでも、かぶは
ぬけません。

1 おじいさんは、だれを　よんで　きましたか。

おばあさん

2 (1) かぶを　もって　ひっぱって　いるのは　だれですか。○を　つけましょう。

(○)おじいさん
( )おばあさん

(2) おじいさんを　ひっぱって　いるのは　だれですか。

おばあさん

(3) かぶは　ぬけましたか。○を　つけましょう。

( )ぬけた。
(○)ぬけなかった。

（令和二年度版　光村図書　国語一上　かざぐるま　ロシアの民話　さいごう　たけひこ　やく）

57

58頁

おおきな　かぶ　(4)　なまえ

つぎの　ぶんしょうを　2かい　よんで　こたえましょう。

1

おばあさんは、まごを
よんで　きました。

2

かぶを
おじいさんが
ひっぱって、
おじいさんを
おばあさんが
ひっぱって、
おばあさんを
まごが　ひっぱって、
「うんとこしょ、
どっこいしょ。」
[あ]、かぶは
ぬけません。

1 おばあさんが　よんで　きたのは、だれですか。

まご

2 (1) かぶを　もって　ひっぱって　いるのは、だれですか。ひとつに　○を　つけましょう。

( )まご
( )おばあさん
(○)おじいさん

(2) みんなで、どんな　かけごえで　ひっぱりましたか。

うんとこしょ、どっこいしょ。

(3) [あ]に　あてはまる　ことばに　○を　つけましょう。

(○)やっぱり
( )とうとう

（令和二年度版　光村図書　国語一上　かざぐるま　ロシアの民話　さいごう　たけひこ　やく）

58

59頁

はをへを　つかおう　(1)　（くっつきの「は・を・へ」）　なまえ

(1) ——せんの　かなづかいが　ただしい　ほうに　○を　つけましょう。

①
( )わたしわ　あらう。
(○)わたしは　あらう。

②
( )かおお　あらう。
(○)かおを　あらう。

(2) (1)の　ふたつの　ぶんを　ひとつの　ぶんに　まとめて　かきましょう。

わたしは、かおをあらう。

(3) ——せんの　かなづかいが　ただしい　ほうに　○を　つけましょう。

①
(○)わたしは　かえる。
( )わたしわ　かえる。

②
( )いええ　かえる。
(○)いえへ　かえる。

(4) (3)の　ふたつの　ぶんを　ひとつの　ぶんに　まとめて　かきましょう。

わたしは、いえへかえる。

59

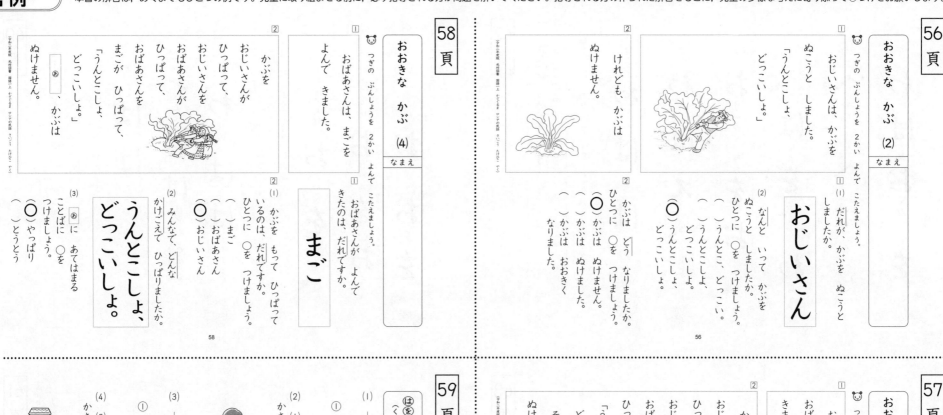

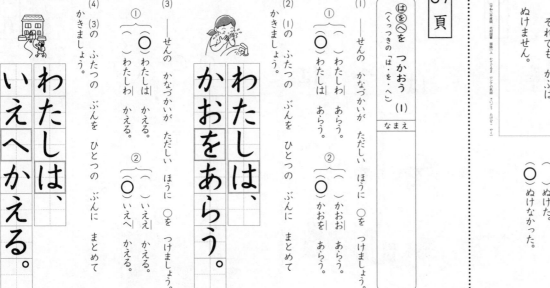

解答例

60頁

はをへを　つかおう　(2)
（くっつきの「は・を・へ」）

なまえ

(1) □に わか はを いれましょう。

① うさぎは、はねる。

② わたしは、はしる。

③ ひまわりのはなは、おおきい。

(2) □に おか をを いれましょう。

① おねえさんは、おんがくを きく。

② いもうとは、おりがみを おる。

③ おとうとは、おにの おめんを つくる。

61頁

はをへを　つかおう　(3)
（くっつきの「は・を・へ」）

なまえ

(1) ただしい ほうを ○で かこみましょう。

① さかな（を・お） つる。 答：を

② がっこう（へ・え） いく。 答：へ

③ こま（は・わ） まわる。 答：は

④ おやつ（お・を） たべる。 答：を

⑤ はち（わ・は） とぶ。 答：は

⑥ こうえん（え・へ） いく。 答：へ

(2) ―せんの じを （　）に ただしく かきなおしましょう。

① せんせいわ、きょうしつえ はいる。
（は）（へ）

② こうえんえ いって、おむすびお たべる。
（へ）（を）

③ おじいさんわ、はたけに たねお まく。
（は）（を）

62頁

はをへを　つかおう　(4)
（くっつきの「は・を・へ」）

なまえ

● □に あう じを えらんで かきましょう。

① にわ《わ・は》とりは《わ・は》 あさは《わ・は》やく なく。

② わ《わ・は》たしは《わ・は》 え《え・へ》きへ《え・へ》 むかう。

③ お《お・を》りがみで つるを《お・を》 お《お・を》る。

④ たのしい は《わ・は》なしを《お・を》 きいて わ《わ・は》らう。

⑤ へ《え・へ》やの なかへ《え・へ》 は《わ・は》いる。

⑥ わ《わ・は》には《わ・は》、お《お・を》おきな くちを《お・を》 あける。

63頁

はをへを　つかおう　(5)
（ぶんを　つくろう）

なまえ

● えを みて 「□は、□を □。」の ぶんを つくりましょう。

①

さるは、かきを たべる。

②

ぼくは、あさがおを みる。

③

わたしは、おむすびを つくる。

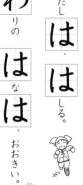

解答例

本書の解答は，あくまでもひとつの例です。児童に取り組ませる前に，必ず指導される方が問題を解いてください。指導される方の作られた解答をもとに，児童の多様な考えに寄り添って○つけをお願いします。

64頁

はをへを　つかおう　(6)
（ぶんを　つくろう）

なまえ

● えを　みて　「□は、□を　□。」の　ぶんを　つくりましょう。

①

とりは、そらを
とぶ。

②

うしは、くさを
たべる。

③

ぼくは、くつを
はく。

④

わたしは、
おちゃを　のむ。

65頁

はをへを　つかおう　(7)
（ぶんを　つくろう）

なまえ

● えを　みて　「□は、□へ　□。」の　ぶんを　つくりましょう。

①

わたしは、
がっこうへ
いく。

②

ぼくは、
ほらあなへ
はいる。

③

おとうとは、
えいがかんへ
いく。

66頁

はをへを　つかおう　(8)
（ぶんを　つくろう）

なまえ

● えを　みて　「□は、□へ　□。」の　ぶんを　つくりましょう。

①

ぼくは、そとへ
でる。

②

わたしは、
へやへ　もどる。

③

ぼくたちは、
みぎへ　まがる。

④

わたしたちは、
まえへ　すすむ。

67頁

すきな　もの、なあに

なまえ

つぎの　ぶんを　てん（、）や　まる（。）に　きを　つけて　かきましょう。

※みぎききの　ひとは　みぎの　ますに、ひだりききの　ひとは　ひだりの　ますに　かきましょう。

（略）　きくち　たくや
ぼくの　すきな　ものは、
おりがみです。　いろい
ろな　ものが、　つくれる
からです。

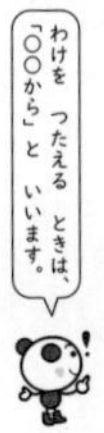

（令和二年度版　光村図書　国語一上　かざぐるま「すきな　もの、なあに」による）

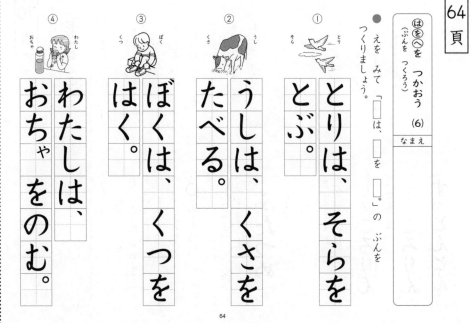

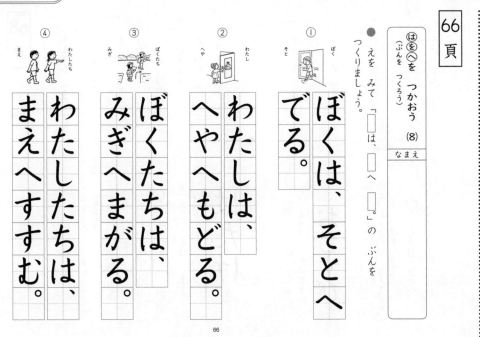

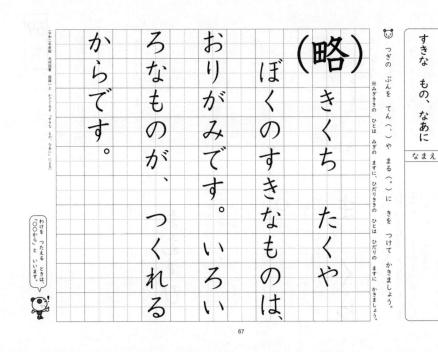

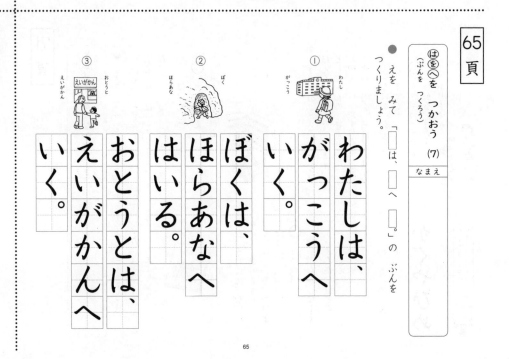

本書の解答は，あくまでもひとつの例です。児童に取り組ませる前に，必ず指導される方が問題を解いてください。指導される方の作られた解答をもとに，児童の多様な考えに寄り添って○つけをお願いします。

解答例

68頁

おむすび ころりん (1)

なまえ

つぎの ぶんしょうを 2かい よんで こたえましょう。

1

むかし むかしの
はなしだよ。
やまの はたけを
たがやして、
おなかが すいた
おじいさん。

2

そろそろ おむすび
たべようか。
つつみを ひろげた
その とたん、
おむすび ひとつ
ころがって、
ころころ ころりん
かけだした。

（令和二年度版 光村図書 国語一上 かざぐるま はそべ ただし）

1 (1) いつの はなしですか。○を つけましょう。

( ) いまの はなし。
(○) むかし むかしの はなし。

(2) おじいさんは、やまで なにを しましたか。

はたけ を たがやした。

2 (1) おじいさんは、なにを たべようと したのですか。

おむすび

(2) ころがって、かけだしたのは、なんですか。○を つけましょう。

(○) おむすび ひとつ。
( ) おむすび ふたつ。

69頁

おむすび ころりん (2)

なまえ

つぎの ぶんしょうを 2かい よんで こたえましょう。

1

まて まて まてと
おじいさん、
おいかけて いったら
おむすびは、
はたけの すみの
あなの なか、
すっとんとんと
とびこんだ。

2

のぞいて みたが
まっくらで、
みみを あてたら
きこえたよ。
おむすび ころりん
すっとんとん。
ころころ ころりん
すっとんとん。

（令和二年度版 光村図書 国語一上 かざぐるま はそべ ただし）

1 (1) おじいさんは、なにを おいかけて いきましたか。

おむすび

(2) おむすびは、どのような ようすで あなの なかに とびこみましたか。○を つけましょう。

( ) まて まて まて。
(○) すっとんとん。

2 (1) のぞいて みた あなは、どんな ようすでしたか。

まっくら

(2) のぞいて みた あと、おじいさんは、あなに なにを あてて みましたか。ひとつに ○を つけましょう。

( ) おじいさんの はな。
(○) おじいさんの みみ。
( ) おじいさんの くち。

70頁

おむすび ころりん (3)

なまえ

つぎの ぶんしょうを 2かい よんで こたえましょう。

1

［おむすびが ころがって とびこんだ あなから うたが きこえました。］

これは これは
おもしろい。
ふたつめ ころんと
ころがすと、
きこえる きこえる
おなじ うた。

2

おむすび ころりん
すっとんとん。
ころころ ころりん
すっとんとん。

（令和二年度版 光村図書 国語一上 かざぐるま はそべ ただし）

1 (1) うたを きいた おじいさんは、どのように おもいましたか。○を つけましょう。

( ) つまらない。
(○) おもしろい。

(2) おじいさんは、なにを ころがしましたか。

（ふたつめ）の おむすび。

2 きこえて きたのは、どんな うたでしたか。

おむすび（ころりん）
すっとんとん。
ころころ（ころりん）
（すっとんとん）。

71頁

としょかんと なかよし

なまえ

きょうかしょの「としょかんと なかよし」を よんで、こたえましょう。

(1) ほんが たくさん おいて ある へやは どこですか。ひとつに ○を つけましょう。

( ) ほけんしつ
(○) としょかん
( ) たいいくかん

(2) うさぎの ことが わかる ほんを さがして います。としょかんの せんせいに どのように たずねると よいですか。○を つけましょう。

( ) なにが おもしろいですか。
(○) うさぎの ことが わかる ほんは ありますか。

(3) つぎの ほんの ひょうしを みて こたえましょう。

① ひょうしには、なにが かいて ありますか。ひとつに ○を つけましょう。

(○) だいめい
( ) じぶんの なまえ
( ) よんだ ひとの なまえ

② ほんの だいめいを かきましょう。

かぐやひめ

としょかんで、よみたい ほんを みつけられるかな。

本書の解答は，あくまでもひとつの例です。児童に取り組ませる前に，必ず指導される方が問題を解いてください。指導される方の作られた解答をもとに，児童の多様な考えに寄り添って○つけをお願いします。

72頁

こんな ことが あったよ

なまえ

つぎの ぶんしょうを 2かい よんで こたえましょう。

1

はなびたいかい

おおた ゆい

わたしは、どようびに、
おじいちゃんと
はなびを みました。

2

そらに、おおきな
はなが さいたみたい
でした。
とても きれいでした。

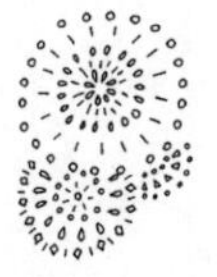

（令和二年度版 光村図書 国語一上 かざぐるま 「こんな ことが あったよ」による）

1 (1) おおた ゆいさんは、いつ、はなびを みましたか。

どようび

(2) おおた ゆいさんは、だれと はなびを みましたか。

おじいちゃん

2 はなびを みて、どのように おおたさんは おもいましたか。ふたつ えらんで ○を つけましょう。

（○）そらに おおきな はなが さいたみたい。
（ ）そらに たくさんの ひかる ほしが ある みたい。
（ ）とても おもしろい。
（○）とても きれいだ。

73頁

つづけよう② こえに だして よもう

いちねんせいの うた

なまえ

つぎの しを 2かい よんで こたえましょう。

いちねんせいの うた

あおい そらの ㋐こくばんに
なに かこう

うでを のばし
ちからを こめて
まっすぐ
いちねんせいの 一《いち》

ぼくも かく
わたしも かく
いちねんせいの 一《いち》
いちばん はじめの 一《いち》

おひさま みてる
かぜが ふく

（令和二年度版 光村図書 国語一上 かざぐるま なかがわ りえこ）

(1) ㋐こくばんとは、なんの ことですか。○を つけましょう。

（○）あおい そら。
（ ）きょうしつに ある こくばん。

(2) こくばんに なにを まっすぐ かくのですか。

いちねんせい の 一《いち》。

(3) ぼくも わたしも かいたのは、どんな もじですか。ひとつに ○を つけましょう。

（ ）いちねんせい
（ ）いちばん はじめ
（○）一《いち》

74頁

つづけよう② ききたいな、ともだちの はなし

なまえ

なつやすみに した ことに ついて ともだちが はなしを して います。2かい よんで、もんだいに こたえましょう。

ぼくは、まいにち、
あさがおの みずやりを
しました。なつやすみの
はじめに、きれいな
はなが さきました。

（令和二年度版 光村図書 国語一上 かざぐるま 「ききたいな、ともだちの はなし」による）

(1) 「ぼく」は、まいにち あさがおに なにを しましたか。

みずやり

(2) いつ きれいな はなが さきましたか。ひとつに ○を つけましょう。

（ ）まいにち。
（○）なつやすみの はじめ。
（ ）なつやすみの あと。

(3) 「ぼく」の はなしを きいて、さいた はなの いろを しりたい ときは、どのように きますか。○を つけましょう。

（ ）はなは、いくつ さきましたか。
（○）はなの いろは、なにいろでしたか。

75頁

つづけよう② たのしいな、ことばあそび (1)

なまえ

● たくさんの ことばが かくれて います。
いぬ の ように たてに かくれて いる ことばを みつけて、8こ かきましょう。

い	ち	ね	ん	せ	い	さ	や
ぬ	た	こ	お	ん	ぷ	し	か
あ	り	ま	く	ま	な	り	ん
ひ	と	え	き	ご	つ	と	そ
つ	け	も	ぐ	ら	や	り	ら
じ	い	も	だ	は	す	ず	め
え	ほ	ん	い	ち	み	い	だ
ひ	び	し	く	さ	ん	ぽ	か

（令和二年度版 光村図書 国語一上 かざぐるま 「たのしいな、ことばあそび」による）

ひつじ
ねこ
なつやすみ
やかん
とけい
はち
しりとり
めだか

まえ、もん、だいく、まご、そら などから 8こ

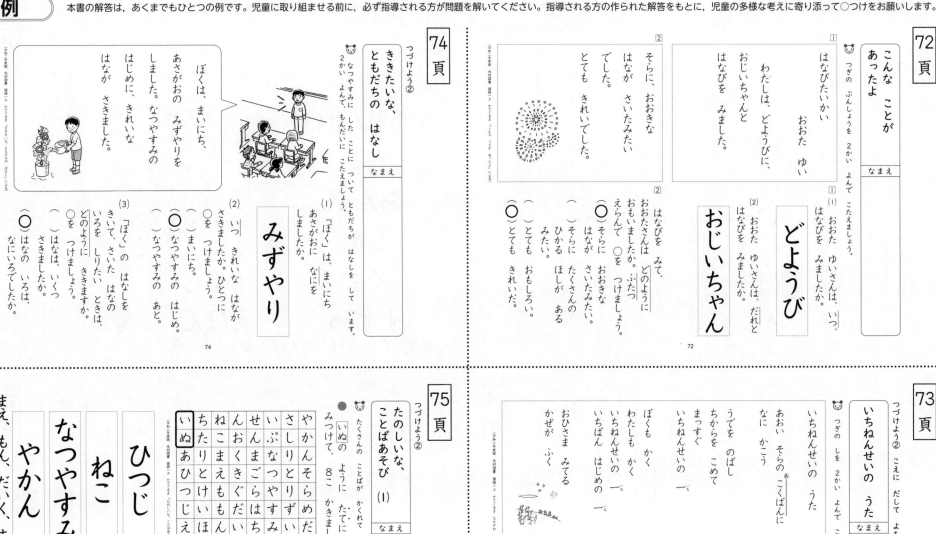

本書の解答は，あくまでもひとつの例です。児童に取り組ませる前に，必ず指導される方が問題を解いてください。指導される方の作られた解答をもとに，児童の多様な考えに寄り添って○つけをお願いします。

解答例

76頁

つづけよう②

たのしいな、ことばあそび (2)

なまえ

たくさんの　ことばが　かくれて　います。

● ありの　ように　よこに　かくれて　いる　ことばを　みつけて，8こ　かきましょう。

い	ち	ね	ん	せ	い	さ	や
ぬ	た	こ	お	ん	ぷ	し	か
あ	り	ま	く	ま	な	り	ん
ひ	と	え	き	ご	つ	と	そ
つ	け	も	ぐ	ら	や	り	ら
じ	い	も	だ	は	す	ず	め
え	ほ	ん	い	ち	み	い	だ
ひ	び	し	く	さ	ん	ぽ	か

（令和二年度版　光村図書　国語一上　かざぐるま「たのしいな，ことばあそび」による）

いちねんせい

たこ

おんぷ

しか

くま

もぐら

すずめ

えほん

えき，やり，いも，さんぽ　などから　８こ

77頁

やくそく (1)

なまえ

つぎの　ぶんしょうを　２かい　よんで　こたえましょう。

1

［さんびきの　あおむしたちは、おおきな　木《き》の　うえで　おおげんかを　して　います。］

その　ときです。

「うるさいぞ。」㋐

おおきな　木《き》が、

ぐらりと　ゆれて

いいました。

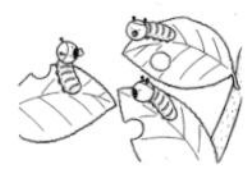

2

「みんな、もっと㋑

うえまで　のぼって、

そとの　せかいを

みて　ごらん。」

あおむしたちは、

いわれた　とおりに、

のぼって　いきました。

（令和二年度版　光村図書　国語一上　かざぐるま　こかぜ　さち）

1

(1) 「うるさいぞ。」㋐に　ついて　こたえましょう。

だれが　いいましたか。

おおきな　木

(2) どんな　ようすで　いいましたか。○を　つけましょう。

（　）じっと　して　いった。

（○）ぐらりと　ゆれて　いった。

2

「みんな、もっと　うえまで　のぼって、そとの　せかいを　みて　ごらん。」㋑に　ついて　こたえましょう。

(1) だれが　いった　ことばですか。

おおきな　木

(2) だれに　いった　ことばですか。

あおむしたち

78頁

やくそく (2)

なまえ

つぎの　ぶんしょうを　２かい　よんで　こたえましょう。

1

［さんびきの　あおむしたちは、おおきな　木に　いわれた　とおりに　木の　うえまで　のぼって　いきました。］

いちばん　たかい

えだに　つくと、

さんびきは　めを㋐

まるく　しました。

この　おおきな　木《き》は、

はやしの　なかの

たった

いっぽん

だったのです。

2

「ぼくら、こんなに　ひろい㋑

ところに　いたんだね。」

「そらも、こんなに

ひろいんだね。」

（令和二年度版　光村図書　国語一上　かざぐるま　こかぜ　さち）

1

(1) めを　まるくした㋐　とき、さんびきの　あおむしたちは　どんな　きもちでしたか。○を　つけましょう。

（　）うれしい　きもち。

（○）おどろいた　きもち。

(2) さんびきが　めを　まるく　したのは、なぜですか。

おおきな　木《き》は、はやしの　なかの　たった　**いっぽん**　だったと　きづいたから。

2

ぼくら㋑とは、だれの　ことですか。○を　つけましょう。

（　）いっぴきの　あおむし。

（○）さんびきの　あおむしたち。

（　）はやしの　なかの　おおきな　木《き》。

79頁

やくそく (3)

なまえ

つぎの　ぶんしょうを　２かい　よんで　こたえましょう。

1

とおくには、うみが

みえます。

あおむしたちは、まだ

うみを　しりません。

「あの　ひかって

いる　ところは、

なんだろう。」

2

さんびきは、

えだに　ならぶと

せのびを　しました。

（令和二年度版　光村図書　国語一上　かざぐるま　こかぜ　さち）

1

(1) とおくには、なにが　みえましたか。

うみ

(2) これまで　あおむしたちは　うみを　みたことが　ありましたか。○を　つけましょう。

（　）あった。

（○）なかった。

2

(1) さんびきの　あおむしたちは、どこに　ならびましたか。○を　つけましょう。

（　）うみ

（○）えだ

(2) あおむしたちは、ならんで　なにを　しましたか。

せのび

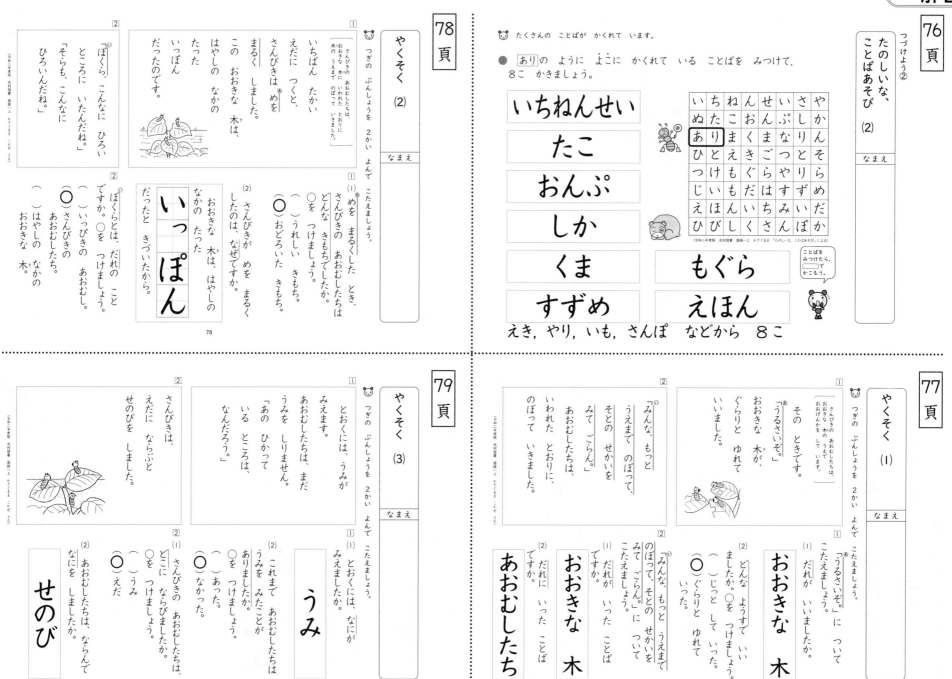

解答例

本書の解答は，あくまでもひとつの例です。児童に取り組ませる前に，必ず指導される方が問題を解いてください。指導される方の作られた解答をもとに，児童の多様な考えに寄り添って○つけをお願いします。

80頁

やくそく (4)

なまえ

つぎの　ぶんしょうを　2かい　よんで　こたえましょう。

1

〔さんびきの　あおむしたちは、たかい　えだに　ならぶと　せのびを　して、うみを　みました。〕

「きれいだね。
からだが　ちょうに
かわったら、
あ あそこまで　とんで
みたいな。」
「わたしも、い あそこまで
とんで　みたい。」
「それなら、みんなで
いこう。」

2

さんびきの　あおむしは、
やくそくを　しました。
そして、
くんねり
くんねり
おりて
いきました。

（令和二年度版　光村図書　国語一上　かざぐるま　こかぜ　さち）

1
(1) あおむしたちは、からだが　なにに　かわったら、うみまで　とんで　みたいのですか。

ちょう

(2) あ あそこと、い あそこは、おなじ　ところの　ことです。どこの　ことですか。ひとつに　○を　つけましょう。

（　）たかい　えだ。
（○）うみ。
（　）おおきな　木《き》。

2 さんびきの　あおむしは、どんな　やくそくを　しましたか。ひとつに　○を　つけましょう。

（　）みんなで　ちょうに　かわる　こと。
（　）みんなで　うみを　みる　こと。
（○）みんなで　ちょうに　かわったら、うみまで　とんで　いく　こと。

80

81頁

かたかなを　みつけよう (1)

なまえ

(1) ゜や　゛の　つく　じに　きを　つけて、えに　あう　ことばを　かたかなで　かきましょう。

① パン

② サラダ

③ パンダ

(2) ちいさく　かく「ッ」に　きを　つけて、えに　あう　ことばを　かたかなで　かきましょう。

① コップ

② スリッパ

③ トラック

ッ
「ッ」を　かく　ばしょは、ひらがなと　おなじだよ。

81

82頁

かたかなを　みつけよう (2)

なまえ

(1) ちいさく　かく「ャ」に　きを　つけて、えに　あう　ことばを　かたかなで　かきましょう。

① ジャム

② シャツ

ャ
「ャ」を　かく　ばしょは、ひらがなと　おなじだよ。

(2) のばす　おんに　きを　つけて、えに　あう　ことばを　かたかなで　かきましょう。

① スープ

② ゼリー

③ スプーン

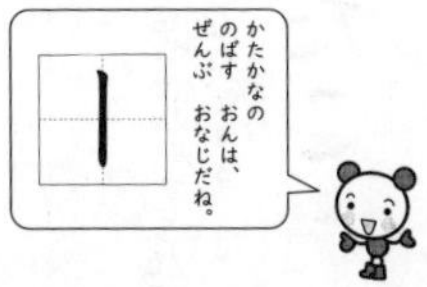

ー
かたかなの　のばす　おんは、ぜんぶ　おなじだね。

82

83頁

うみの　かくれんぼ (1)

なまえ

つぎの　ぶんしょうを　2かい　よんで　こたえましょう。

1

はまぐりが、
すなの　なかに
かくれて　います。

2

はまぐりは、
大《おお》きくて　つよい
あしを　もって
います。

3

すなの　なかに
あしを　のばして、
すばやく　もぐって
かくれます。

（令和二年度版　光村図書　国語一上　かざぐるま「うみの　かくれんぼ」による）

1 はまぐりは、どこに　かくれて　いますか。

すな　の　なか。

2 はまぐりは、どんな　あしを　もって　いますか。○を　つけましょう。

（○）大《おお》きくて　つよい　あし。
（　）小《ち》さくて　つよい　あし。

3 はまぐりは、すなの　なかに　どのように　かくれますか。

（あし）を　のばして、すばやく（もぐって）かくれる。

83

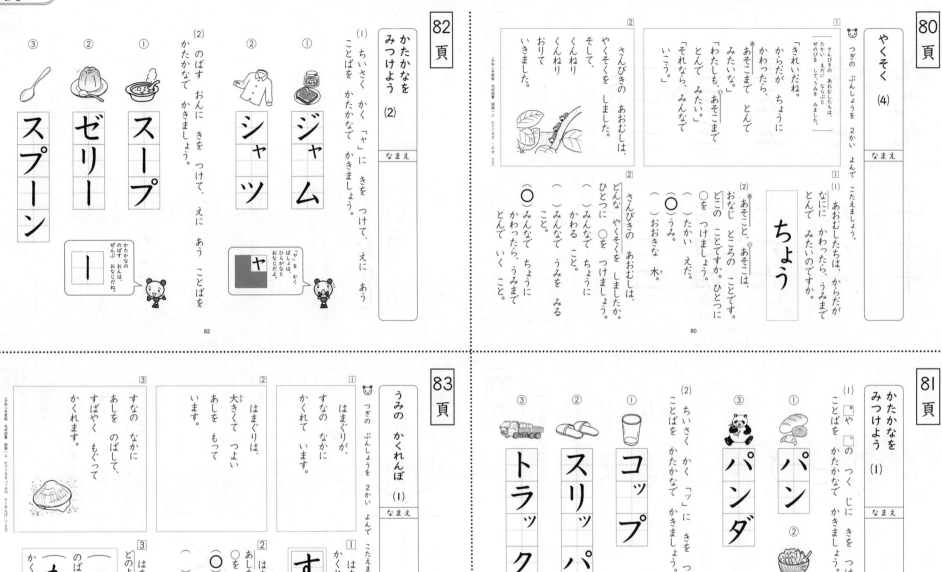

84頁

うみの かくれんぼ (2)

なまえ

つぎの ぶんしょうを 2かい よんで こたえましょう。

1
たこが、
うみの そこに
かくれて います。

2
たこは、
からだの いろを
かえる ことが
できます。

3
まわりと おなじ
いろに なって、
じぶんの からだを
かくします。

（令和二年度版 光村図書 国語一上 かざぐるま「うみの かくれんぼ」による）

1 うみの そこに かくれて いるのは、なにですか。

たこ

2 たこは、なにを かえる ことが できますか。○を つけましょう。

（ ）からだの かたち。
（○）からだの いろ。
（ ）からだの 大《おお》きさ。

3 たこは、どのように して、じぶんの からだを かくしますか。

まわりと（おなじ）（いろ）に なって、かくす。

85頁

全《ぜん》文《ぶん》読《どっ》解《かい》

うみの かくれんぼ (3)

なまえ

きょうかしょの 「うみの かくれんぼ」を よんで、こたえましょう。

(1) つぎの うみの いきものは、どこに かくれて いましたか。――せんで むすびましょう。

① はまぐり
② たこ
③ もくずしょい

いわの ちかく。
すなの なか。
うみの そこ。

(2) つぎの うみの いきものは、どのように かくれて いましたか。――せんで むすびましょう。

① はまぐり
② たこ
③ もくずしょい

かいそうに へんしんする。
まわりと おなじ いろに なる。
すなの なかに もぐる。

86頁

かずと かんじ (1)

なまえ

かんじを かく れんしゅうを しましょう。
（ ）に よみがなを かきましょう。

① 一一一（いち）
② 二二二（に）
③ 三三三（さん）
④ 四四四（よん）（し）
⑤ 五五五（ご）
⑥ 六六六（ろく）
⑦ 七七七（なな）（しち）
⑧ 八八八（はち）
⑨ 九九九（く）（きゅう）
⑩ 十十十（じゅう）

87頁

かずと かんじ (2)

なまえ

(1) よみがなを かきましょう。

一つ、（ひとっ） 二つ、（ふたっ） 三つ、（みっっ） 四つ、（よっっ） 五つ、（いつっ）
六つ、（むっっ） 七つ、（ななっ） 八つ、（やっっ） 九つ、（ここのっ） 十。（とお）

(2) ――せんの かんじの よみがなを かきましょう。

① こいぬが 一ぴき。（いっ）
② こいぬが 二ひき。（に）
③ こいぬが 三びき。（さん）
④ こいぬが 四ひき。（よん）
⑤ こいぬが 五ひき。（ご）
⑥ こいぬが 六ぴき。（ろっ）
⑦ こいぬが 七ひき。（なな）（しち）
⑧ こいぬが 八ぴき。（はっ）
⑨ こいぬが 九ひき。（きゅう）
⑩ こいぬが 十ぴき。（じゅっ）（じっ）

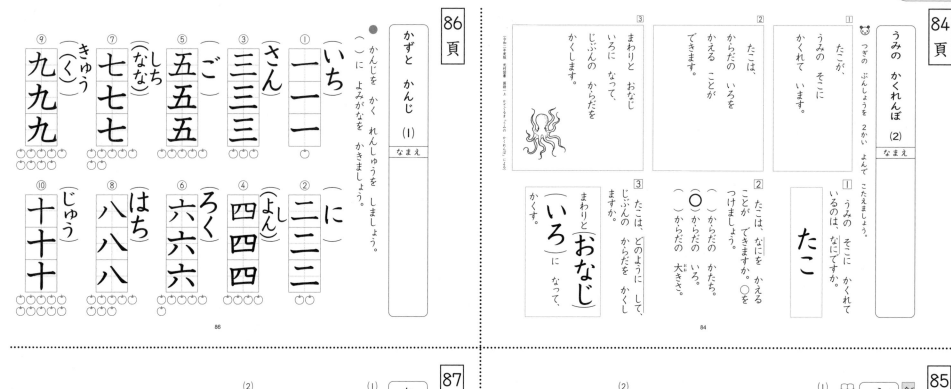

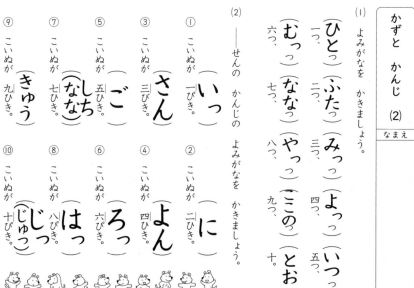

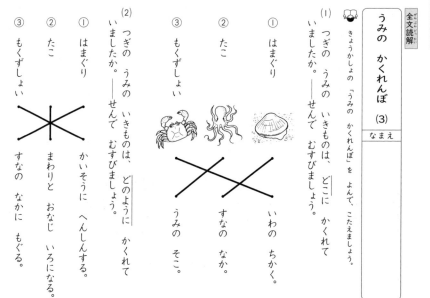

解答例

本書の解答は，あくまでもひとつの例です。児童に取り組ませる前に，必ず指導される方が問題を解いてください。指導される方の作られた解答をもとに，児童の多様な考えに寄り添って○つけをお願いします。

88頁

かずと かんじ (3)

なまえ

● 〈れい〉と おなじように、えの かずと かぞえかたを かきましょう。

〈れい〉 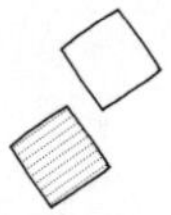 おりがみ 二（まい）

①  りんご 四（こ）

②  ねこ 二（ひき）

③  えんぴつ 五（ほん）

④  えほん 一（さつ）

⑤  こども 三（にん）

89頁

かずと かんじ (4)

なまえ

● 〈れい〉と おなじように、えの かずと かぞえかたを かきましょう。

〈れい〉 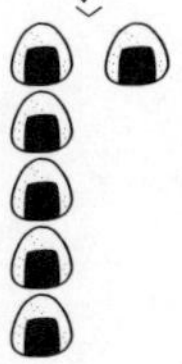 おむすび 六（こ）

①  とり 八（わ）

②  はち 九（ひき）

③  にんじん 七（ほん）

④  くるま 十（だい）

⑤  さら 六（まい）

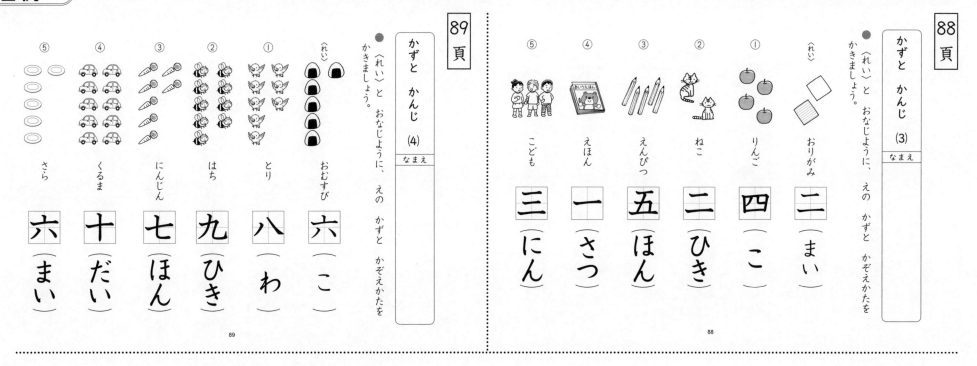

喜楽研の支援教育シリーズ
ゆっくり　ていねいに学べる
国語教科書支援ワーク 1-①　光村図書の教材より抜粋

2023 年 3 月 1 日

原稿検討：中村　幸成
イラスト：山口　亜耶　他
表紙イラスト：鹿川　美佳
表紙デザイン：エガオデザイン
企画・編著：原田　善造・あおい　えむ・今井　はじめ・さくら　りこ・中田　こういち
なむら　じゅん・ほしの　ひかり・堀越　じゅん・みやま　りょう（他４名）
編集担当：中川　瑞枝

発行者：岸本　なおこ
発行所：喜楽研（わかる喜び学ぶ楽しさを創造する教育研究所：略称）
〒604-0827　京都府京都市中京区高倉通二条下ル瓦町 543-1
TEL 075-213-7701　FAX 075-213-7706　HP https://www.kirakuken.co.jp
印刷：株式会社米谷

ISBN : 978-4-86277-385-2

Printed in Japan